SV

Ein Koch- und Bilderbuch

Das Apfelwein-Kochbuch

Das Beste, was aus einem Apfel werden kann

Kristiane Müller-Urban und Horst Baerenz

SOCIETÄTSVERLAG

Umschlaggestaltung: Horst Baerenz
Satz: Stephanie Schmidt, Societäts-Verlag, Frankfurt
Druck und Verarbeitung: freiburger graphische betriebe
Printed in Germany 2004
ISBN 3-7973-0911-2

Inhalt

Es Stöffche ist for alle gut,
Es fegt de Maage, labt die Schnud,
Hilft gegen Rheuma, Podagra,
Heufieber, Gicht und Cholera,
Frühmorgens, mittags, abends emal
Bringt flotten Gang er ohne Qual.
Deswege ist er so gesund,
So laut' der ärztliche Befund.

Drum muss dem Stoff und sich zum Dank
Nach Frankfurt hin, wer dick und krank,
Im Winter haaß, im Sommer kalt,
Ist Heilvorschrift der Kuranstalt.
E Kuranstalt mit Äppelwei–
Wer möchte do net Kurfremder sei?

So pries um 1930 Emmerich Renck
das gesunde Stöffche.

Das Beste, was aus einem Apfel werden kann

Wenn der Hesse net bei sei'm Ebbelwei oder Äppelwoi inner Wertschaft hocke kaa, dann fehlt ihm ebbes. Apfelwein ist das Nationalgetränk der Hessen. Die Reinheit des Apfelweins garantierte im 17. Jahrhundert eine Frankfurter Ratsverordnung. Aber schon Karl der Große hatte in seinem „Capitulare de villis" bestimmt, dass „jeder Richter unter seinem diensttuenden Personal... Leute habe, ... die berauschende Getränke, sei es Bier, Birnenwein, Äpfelwein ... bereiten können." Frankfurt gehörte damals zu den Landgütern des großen Kaisers.

Ausgeschenkt wird der Apfelwein im gerippten Glas, das heute exakt einen viertel Liter fasst. Nach den ersten Schlucken des herben Getränks verlieren die meisten Zugereisten ihr schönes Gesicht: Schiefmäulig und mit zusammengekniffenen Augen warten sie die Reaktion ihres Körpers ab. Aber spätestens nach dem dritten Glas färben sich ihre Bäckelchen so rot wie die Äppelchen, aus denen das Stöffche gekeltert wird. Aber jede Hessin, jeder Hesse schwört auf ihr/sein tägliches Glas Apfelwein, weil: Apfelwein macht Laune, macht fröhlich, macht schlank.

Der Alkoholgehalt des Apfelweins liegt um 5,5 Prozent und der Kaloriengehalt schlägt bei einem viertel Liter mit weniger als 100 zu Buche. Jeder hessische Wirt, der etwas auf sich hält, keltert seinen Apfelwein selbst, ein Tannenkränzchen über der Tür verkündet dies. Den ersten grünen Kranz hängte übrigens ein Sachsenhäuser Gärtner 1641 über seine Tür, als er die Ausschankerlaubnis erhielt.

Im Herbst häufen sich in den Höfen der Kneipen die bunten Kelteräpfel von den hessischen Streuobstwiesen, die, rasch gepresst, erst als Süßer (alkoholfreier Apfelmost), dann als Rauscher (Alkoholgehalt etwa 3 Prozent ähnlich dem Federweißen aus Trauben), im Dezember als Neuer, im neuen Jahr als Junger und nach der Apfelblüte als neuer Alter ausgeschenkt werden. Der alte Alte heißt das Stöffche vom Vorjahr. Beim sauer Gespritzten mischen sich Apfelwein und Mineralwasser in dem gerippten Glas. Ein süß Gespritzter besteht aus Apfelwein mit Zitronen- oder Orangenlimonade.

Das Stöffche vereint sie alle

Apfelwein und Apfelschaumwein werden immer öfter in der gehobenen Gastronomie ausgeschenkt. Ihre Stöffche, den Apfelwein, trinken die Hessen bevorzugt in schlichten Gasthäusern. Im Winter in der warmen Gaststubb, im Sommer im Garten unter der schützenden Krone riesiger Kastanienbäume. Sachsenhausen, der Frankfurter Stadtteil auf der anderen Mainseite, gilt als Apfelweinviertel. Hier und anderswo in Hessen sitzt der Banker neben dem Automechaniker, der Pensionär neben der Gattin des Herrn Doktor dicht an dicht auf langen Bänken an langen Tischen. Treffen sich mindestens vier fröhliche Leute zum Apfelwein, stellt der Wirt (meist ungefragt) einen gut befüllten Bembel auf den Tisch, dazu vier gerippte Gläser. Die Deckelche gegen allerlei Unliebsames von oben haben nur noch die Alten dabei. In den Städten wechselt das Publikum zwischen nachmittags und abends. Die Alten ziehen nachmittags ins Wirtshaus und trinken einen oder mehrere Schoppen, dabei babbeln sie von damals, erzählen skurrile Geschichten und tratschen über Nichtanwesende. Am frühen Abend gehen die Alten ihres Weges und die Jungen, noch edel im Businesslook gekleidet, strömen in die Kneipen. Löschen den Durst und spülen den Frust vergangener Stunden mit kühlem Apfelwein hinunter.

Und was ist mit dem Essen? Immer wieder gern gegessen zum Stöffche: Handkäs mit Musik, ein fettarmer Sauermilchkäse. Die ihn begleitende Musik besteht aus Zwiebelchen, Essig und Öl, Salz und Paprikapulver oder Kümmel. Dazu eine Scheibe würziges Bauernbrot, manchmal auch eine Laugenbrezel. Gegessen wird mit dem Messer. Also ein Stückchen Käse mit Zwiebeln abschneiden, aufs Brot balancieren und abbeißen. Bloß keine Gabel verwenden. Zum Apfelwein schmecken auch Laugenbrezeln, die ein schwäbischer Bäcker erfunden haben soll, grüne Sauce mit Salzkartoffeln, manchmal mit gekochter Rinderbrust, Sauerkraut mit Haspel oder Schäufelchen, hessisches Wurstbrett, Schneegestöber oder ein gegrilltes Hühnerbein und natürlich die Gerichte in diesem Buch.

Allerlei rund um den Appel und um das Stöffche

Die Kelterei Heil in Laubus-Eschbach ist bekannt für Apfelwein, Fruchtsäfte und für die fruchtigsten Aktionen Hessens. Der „Familien-Ferienspaß“ bietet während der Sommerferien an bestimmten Tagen Besichtungen der Kelterei, Kistenklettern, Kletterbaum, Hüpfwiese und anderen Spielspaß an. Im August findet der Apfellauf zwischen Laubus-Eschbach und Weilmünster statt und endet mit einer großen Apfelparty. Im Oktober ist Pflanzaktion; bis heute wurden weit über 30 000 Bäume gepflanzt. Das „Apfeljahr“ ist ein Projekt für Kindergärten.

Keltermeister Jörg Stier in Bischofsheim hat nicht nur im elterlichen Betrieb viel gelernt, er reiste in andere Apfelweinregionen und hat verloren gegangene Fertigkeiten wieder entdeckt und weiter entwickelt. Der Genießer findet bei ihm mehr als 30 Apfelweinspezialitäten, die alle in seinem Apfelladen gekostet werden können, wie beispielsweise Stier-Apfelwein, Echter Speierlingsapfelwein, Advents-Schoppen, Hanauer Apfelwein, Apfelwein mit Schlehe, Quitte, Mispel oder Eberesche. Von den vorzüglichen Apfelschaumweinen sei hier die vollmundige „Eva“ genannt, die ihren Namen zu Ehren der Urmutter aller Apfelfreunde trägt. Nach der klassischen Flaschengärung wie in der Champagne entstehen auch die anderen Apfelschaumweine von Jörg Stier.

Große hessische Apfelkeltereien heißen Possmann und Müller. Im ganzen Hessenland verstreut findet der Liebhaber des herben Stöffchens zahlreiche kleinere Keltereien.

Kelterei Heil
An den Obstwiesen
35789 Laubus-Eschbach
Tel.: 0 64 75/9 13 10
Fax: 0 64 75/91 31 40
E-Mail: info@kelterei-heil.de
www.kelterei-heil.de

Kelterei Jörg Stier
Am Kreuzstein 25
63477 Maintal-Bischofsheim
Tel.: 0 61 09/6 50 99
Fax: 0 61 09/77 13 39
E-Mail: infos@kelterei-stier.de
www.kelterei-stier.de

Hessische Apfelwein- und Obstwiesenroute

Der liebe Gott ist kein Hesse, sonst hätte er, der alles weiß und vorherbestimmt, nicht die Schlange geschickt, dass Eva mit einem Apfel Adam verführte. Wäre Gott ein Hesse, hätte er Adam und Eva gezeigt, wie gut Äpfel schmecken und was man Köstliches daraus machen kann.

Mehr über Äpfel und Apfelwein zu erfahren, sie zu kosten, in Wirtshäusern und Restaurants köstliche Apfel(wein)gerichte zu genießen, in Produktionsstätten sich über die Herstellung von Apfelsaft, Apfelwein und Apfelbrand zu informieren, während der Apfelblüte oder der Ernte über die Obstwiesen zu lustwandeln, ist ein paradiesisches Vergnügen.

Die Hessische Apfelwein- und Obstwiesenroute ist der Weg durchs Paradies. Die Route ist unterteilt in sechs Regionalschleifen: zwischen Main und Taunus, Wetterau, Main-Kinzig, Landkreis Gießen, Odenwald, Stadt und Kreis Offenbach. Die Wege wachsen und das Netz der Route wird erweitert – immer entlang landschaftlicher und kultureller Sehenswürdigkeiten. Ein apfelbuntes Programm mit vielfältigen Veranstaltungen lockt rund ums Jahr immer wieder die Apfel(wein)freunde auf die Wander- und Radwege der Routen, gekennzeichnet mit dem Apfel, rot wie die Liebe, und dem grünen Pfeil, der sich um den Apfel dreht.

Hessische Apfelwein- und Obstwiesenroute
Marketinggesellschaft Gutes aus Hessen e. V.
Homburger Str. 9
61169 Friedberg
Tel.: 0 60 31/73 23 63
Fax: 0 60 31/9 30 61
E-Mail: info@gutes-aus-hessen.de
www.hessische-apfelweinroute.de

Leckere Suppen, deftige Salate & würzige Snacks

Bei der Hochzeitsfeier, zu der alle griechischen Göttinnen und Götter geladen waren, warf die Göttin der Zwietracht einen Apfel mit der Aufschrift „Der Schönsten" in die Menge. Hera, Athena und Aphrodite verlangten den Apfel für sich. Zeus bestimmte den schönsten aller Männer, den trojanischen Königssohn Paris, den Streit zu entscheiden. Hera versprach ihm königliche Größe, Athena Erfolg im Krieg, Aphrodite die lieblichste aller Frauen als Gemahlin. Paris übergab der Liebesgöttin Aphrodite den Apfel, und die Göttin half ihm, die schöne Helena zu entführen. Weil Helena aber die Frau des Menelaos war, begann der Trojanische Krieg. Aber daran war der Apfel nicht Schuld.

Apfelweinsuppe mit Käseklößchen

Für 4 Portionen

2 Zwiebeln • 1 Knoblauchzehe • 2 EL Butter • 150 g Rinderhackfleisch • 1/2 l Apfelwein • 4 Stängel Thymian • 1 Stiel Rosmarin • 2 Lorbeerblätter • 1 Döschen Safran • Salz • Pfeffer aus der Mühle • 250 g Magerquark • 40 g geriebener Parmesan • 2 EL Grieß • 1 Eigelb • Muskatnuss • 1/4 l Apfelwein • 4 EL Schnittlauchröllchen

Für die Suppe Zwiebeln und Knoblauch abziehen und klein schneiden. Beides in der heißen Butter anschwitzen. Das Hackfleisch darin krümelig anbraten und mit Apfelwein ablöschen. Etwa 1/2 Liter Wasser, alle Kräuter, die Lorbeerblätter und den Safran dazugeben und offen 45 Minuten köcheln lassen. Die Brühe durch ein Sieb in einen sauberen Topf gießen und mit Salz und Pfeffer abschmecken.

Für die Klößchen den Quark in einem Sieb einige Stunden abtropfen lassen. Anschließend mit dem geriebenen Parmesan, dem Grieß und dem Eigelb verrühren. Die Masse mit Salz, Pfeffer und etwas frisch geriebener Muskatnuss abschmecken. Den

Apfelwein mit 3/4 Liter Wasser und etwas Salz zum Kochen bringen. Aus der Quarkmasse kleine Klößchen formen und in dem siedenden Salzwasser 12 bis 15 Minuten garen. Suppe und Klößchen auf tiefe Teller verteilen und mit Schnittlauchröllchen bestreuen.

Die Geschichte beginnt wie so oft in Asien. Hier liegt die Heimat des Apfels, der damals jedoch noch nicht so gut schmeckte wie heute. Der kleine Holzapfel schmeckte bitter und schrecklich sauer. Vor rund 5000 Jahren begannen die Syrer mit der Veredelung der Apfelbäume. Später kam der Apfelbaum nach Ägypten, wo er im Nildelta in großer Anzahl angebaut wurde. Auch die Griechen kannten Äpfel, die später durch die Römer in Italien heimisch wurden. Aber erst viele hundert Jahre später wurde der Apfelbaum in Deutschland heimisch. Allerdings waren wilde Apfelsorten in Germanien nicht unbekannt.

Äpfel-Lauch-Suppe mit Äpfelchips

Für 4 Portionen

500 g Hühnerklein • 2 EL Rapsöl • 1/2 l Apfelwein • 1 Bund Suppengrün • Salz • Pfeffer aus der Mühle • 3 Stangen Lauch • 2 Äpfel • Butterschmalz zum Braten • 1 Eigelb • 200 g Schmand • 1 EL frische Majoranblätter

Das Hühnerklein in dem heißen Öl kräftig anbraten und mit dem Apfelwein und der gleichen Menge Wasser ablöschen. Das Suppengrün putzen, waschen und grob würfeln. Zum Hühnerklein geben und offen 45 Minuten köcheln lassen. Die Brühe abgießen, auffangen und mit Salz und Pfeffer abschmecken.

Vom Lauch nur den weißen und hellgrünen Teil verwenden. Das Gemüse putzen, längs halbieren und gut waschen. Den Lauch in sehr dünne Halbringe schneiden und in die kochende Brühe geben. Die Äpfel halbieren. Aus jeder Hälfte zwei dünne Scheiben abhobeln. Die restlichen Apfelstücke schälen, entkernen und klein schneiden. Zum Lauch geben und alles 10 bis 15 Minuten garen. Die Suppe nach Geschmack pürieren.

Reichlich Butterschmalz in einer Pfanne erhitzen und die Apfelscheiben darin nacheinander goldgelb frittieren und auf Küchenpapier entfetten. Das Eigelb mit dem Schmand und etwa einer Kelle Suppe verrühren und wieder in die Suppe gießen. Nicht mehr kochen lassen, aber noch einmal mit Salz und Pfeffer abschmecken. Die Majoranblättchen über die Suppe streuen und die Apfelchips getrennt dazu reichen.

Apfelcremesuppe

Für 4 Portionen

3 rotschalige Äpfel • 75 g Butter • 1 TL Mehl • 1/2 l Apfelwein • 1 Vanilleschote • etwas Zimt • 1 Stück Zitronenschale • 250 g süße Sahne • etwas Honig • etwas Zitronensaft • 1 Hand voll Apfelchips (Fertigprodukt) • 1 Stängel Pfefferminze

Die Äpfel vierteln, entkernen und klein schneiden. Die Butter erhitzen und die Äpfel darin kurz anschwitzen. Mit Mehl bestäuben und kurz rösten. Mit Apfelwein und 1 Tasse Wasser auffüllen. Die Suppe mit der aufgeschlitzten Vanilleschote, ein wenig Zimt und dem Stück Zitronenschale offen 30 Minuten köcheln lasen.

Die Suppe durch ein feines Sieb passieren und mit der Sahne noch einmal aufkochen. Mit Honig und Zitronensaft abschmecken. Die Apfelchips zerbröseln, die Minzeblättchen in Streifen schneiden. Beides über die Suppe streuen.

So eine üppige Vorspeisenplatte kann am Abend eines heißen Sommertags im Garten oder auf dem Balkon serviert werden. Oder sie kommt als Auftakt vor einer Suppe oder vor dem Zwiebelkuchen auf den Tisch. Ein Bembel mit Apfelwein gehört selbstverständlich dazu.

Gemischte Vorspeisen

Für 6 Portionen

500 g Hähnchenbrustfilet • 1 Stiel Rosmarin • 2 Knoblauchzehen • 1/2 l Apfelwein • 4 EL Rapsöl • Salz • Pfeffer aus der Mühle • 6 geräucherte Forellenfilets • 2 Stängel Thymian • 6 kleine runde Ziegenfrischkäse • 1 Kopfsalat • 1 Apfel • 1/8 l Apfelwein • 200 g Schmand • 4 EL geriebener Meerrettich • 2 EL Preiselbeerkompott • 1 TL scharfer Senf • 100 g süße Sahne

Das Fleisch in sechs gleich große Stücke schneiden. Die Rosmarinnadeln vom Stiel zupfen und über das Fleisch streuen. Den Knoblauch abziehen, in Scheiben schneiden und mit dem Apfelwein über das Fleisch geben. Zugedeckt über Nacht durchziehen lassen. Am nächsten Tag das Filet in dem heißen Öl 3 bis 4 Minuten braten. Mit Salz und Pfeffer würzen.

Die Forellenfilets quer einmal durchschneiden. Die Thymianblättchen zupfen. Über den Ziegenkäse streuen. In der Mikrowelle oder im heißen Backofen kurz erwärmen. Den Salat putzen, waschen und die Blätter auf eine große Platte legen. Hähnchenbrustfilet, Forellenfilets und Ziegenkäse darauf legen.

Für das Dressing den Apfel schälen, entkernen und fein würfeln. Mit dem Apfelwein begießen. Schmand mit Meerrettich, Preiselbeerkompott und Senf verrühren. Mit Salz und Pfeffer würzen. Abgetropfte Apfelwürfel einrühren. Sahne steif schlagen und unterheben.

Hessischer Zwiebelkuchen

Für eine Springform von 28 bis 30 cm Durchmesser
250 g Mehl Type 550 • 12 g frische Hefe • 1/2 TL Zucker • 100 ml lauwarmer Apfelwein • 75 g weiches Schweineschmalz • 1 TL Salz • Mehl zum Bearbeiten. • 750 g Zwiebeln • 2 EL Schweineschmalz • 1/8 l Apfelwein • Pfeffer aus der Mühle • 1 TL Kümmel • 200 g Schmand • 100 g süße Sahne • 2 Eier • Muskatnuss

Das Mehl in eine Schüssel sieben. Die Hefe zerbröckeln und mit dem Zucker in dem lauwarmen Apfelwein glatt rühren. Zugedeckt 15 Minuten beiseite stellen. Eine Springform mit etwas Schmalz einfetten. Den Hefeansatz über das Mehl gießen und grob mischen. Restliches Schmalz und Salz hinzufügen und alles kräftig kneten. Bei Bedarf noch etwas Mehl hinzufügen. Den Teig in die Form drücken und einen Rand hochziehen. Zugedeckt 1 Stunde gehen lassen.

Für die Füllung die Zwiebeln abziehen und in schmale Halbringe schneiden. In dem heißen Schmalz anschwitzen. Mit Apfelwein ablöschen und einkochen lassen. Die Zwiebeln mit Salz, Pfeffer und Kümmel würzen. Schmand mit Sahne und Eiern mischen, mit Salz, Pfeffer und etwas frisch geriebener Muskatnuss würzen. Die abgekühlte Zwiebelmasse auf dem Teig verteilen. Die Schmandmischung darüber gießen und den Zwiebelkuchen im vorgeheizten Backofen bei 200 Grad 50 bis 60 Minuten goldgelb backen.

Äpfel schmecken paradiesisch gut. Aus der Bibel wissen wir, dass Adam und Eva im Paradies lebten. Alles war ihnen erlaubt, nur die Äpfel waren verboten. Aber eines Tages schlängelte sich die niederträchtige Schlange an Eva heran und säuselte ihr ins Ohr: „Pflück für Adam einen Apfel." Eva reckte sich nach der verbotenen Frucht und Gott verstieß Adam und Eva aus dem Paradies. Wäre der liebe Gott ein Hesse, dann hätte er den beiden gezeigt, dass sich Äpfel und Apfelwein vorzüglich zum Kochen, Backen und Braten eignen.

Gefüllte Äpfel

Für 4 Portionen

4 dicke Boskopäpfel • 1 Zwiebel • 1 Knoblauchzehe • 4 EL Butter • 300 g Schweinemett • 1 Eigelb • 1 TL getrockneter Majoran • Salz • Pfeffer aus der Mühle • 4 kleine Lorbeerblätter • 3/4 l Apfelwein • 1 Zimtstange • 2 Gewürznelken • 1 Sternanis

Die Äpfel quer halbieren und mit einem Kugelausstecher aushöhlen. Zwiebel und Knoblauch abziehen und fein hacken. Die Butter schmelzen und die Apfelhälften von außen damit bestreichen. In der restlichen Butter Zwiebeln und Knoblauch anschwitzen. Etwas abgekühlt mit Mett und Eigelb mischen. Die Füllung mit Majoran, Salz und Pfeffer abschmecken.

Die Füllung auf die Apfelhälften verteilen. Jeweils ein Lorbeerblatt darauf legen. Die gefüllten Äpfel nebeneinander in eine feuerfeste Form setzen, den Apfelwein angießen und die Gewürze und das Innere der Äpfel hinzufügen. Die gefüllten Äpfel in den vorgeheizten Backofen schieben und bei 200 Grad 30 bis 35 Minuten garen. Zwischendurch öfter mit dem Apfelwein begießen.

Die festen Gewürze aus dem Sud entfernen. Die Hälfte der Flüssigkeit abgießen. Die gegarten Apfelstücke pürieren und zu den gefüllten Äpfeln servieren.

Äpfel sind gesund, preiswert und rund ums Jahr erhältlich. Deshalb sind sie auch des Deutschen liebstes Obst. Leider sind viele alte Apfelsorten verschwunden. Der Apfel wurde in den letzten Jahrzehnten europaweit genormt, er muss wurmfrei und stets gleich groß sein, damit er sich leicht verpacken und transportieren lässt. Hoffentlich müssen wir nicht eines Tages in einen viereckigen Apfel beißen. Aber schauen Sie sich auf den beliebten Wochenmärkten um. Dort finden Sie sicherlich Landwirte, die ein paar kleine Äpfelchen anbieten, deren Aroma verführerisch duftet.

Sauerkrautsalat in Äpfelschalen

Für 4 Portionen

75 g Haselnüsse • 250 g Fasssauerkraut • 4 dicke Äpfel • 1 mittelgroße Möhre • 1 Bund Frühlingszwiebeln • 2 EL Butter • 1/8 l Apfelwein • 2 EL Mayonnaise • 2 EL Schmand • 2 EL Jogurt • 4 bis 6 EL Apfelwein • Salz • Pfeffer aus der Mühle • Muskatnuss • 1/2 Tasse Kerbelblättchen

Die Haselnüsse in einer fettfreien Pfanne rösten, zwischen einem Küchentuch hin und her bewegen, um die dunkle Haut zu entfernen. Die abgekühlten Nüsse mittelfein hacken. Das Sauerkraut mit zwei Gabeln lockern und eventuell mit einer Küchenschere etwas klein schneiden.

Von den Äpfeln einen Deckel abschneiden und die Früchte mit einem Grapefruitmesser oder einem Kugelausstecher aushöhlen. Das Apfelinnere von 2 Früchten entkernen und mittelfein hacken. Die Möhre schälen und raspeln. Sauerkraut, Haselnüsse, Äpfel und Möhrenraspel mischen.

Von den Frühlingszwiebeln nur den hellen und hellgrünen Teil klein schneiden und in der heißen Butter anbraten. Mit dem Apfelwein ablöschen und verdampfen lassen. Für das Dressing

Mayonnaise, Schmand, Jogurt und Apfelwein cremig rühren. Mit geschmorten Zwiebeln, Salz, Pfeffer und frisch geriebener Muskatnuss abschmecken. Die Sauerkrautmischung mit dem Dressing vermengen, Kerbel unterheben und in die ausgehöhlten Äpfel füllen.

Chicoreeschiffchen

Für 4 Portionen

1 Knoblauchzehe • 2 EL Mayonnaise • 2 EL Tomatenketschup • 2 EL Apfelschnaps • 2 EL Apfelwein • 4 EL gehackte Dillspitzen • Salz • Cayennepfeffer • Honig • Zitronensaft • 16 schöne große Chicoreeblätter • 16 gekochte große Garnelen ohne Kopf

Für die Sauce den Knoblauch abziehen und fein hacken. Mit Mayonnaise, Tomatenketschup, Apfelschnaps, Apfelwein und Dillspitzen glatt rühren. Kräftig mit Salz, Cayennepfeffer, etwas Honig und ein wenig Zitronensaft abschmecken. Die Chicoreeblätter sternförmig auf einer runden Platte anrichten. Jeweils einen kleinen Klecks Soße auf den unteren Teil geben, die Garnelen hineinsetzen und mit etwas Soße bedecken.

Wer so richtig über beide Ohren verliebt ist, kennt sicherlich das eine oder andere Liebesorakel mit dem Liebesapfel. Wenn ein verliebtes Mädchen den Apfel aufschneidet und die kleinen braunen Kerne zählt, weiß es, wie viele Liebhaber es haben wird, bevor es vor den Traualtar tritt. Und wer wissen möchte, ob der Zukünftige aus Darmstadt oder Kassel kommt, sammelt viele Apfelkerne, lässt sich mit verbundenen Augen im Kreise drehen und wirft dabei die Kerne hinter sich. Dort, wo die meisten liegen, aus dieser Richtung wird der Liebste kommen.

Warmer Wurstsalat

Für 4 Portionen

1 Ring Fleischwurst • 4 rote Zwiebeln • 1/2 Salatgurke • 1 gelbe Paprikaschote • 125 g Kirschtomaten • 1 kleiner Apfel • 2 EL Kapern • 5 EL Rapsöl • 4 EL Apfelwein • 2 EL Apfelessig • 1 TL Honig • Salz • Pfeffer aus der Mühle • 1 Bund krause Petersilie

Die Fleischwurst in siedendem Wasser 15 Minuten ziehen lassen. Die Zwiebeln abziehen und in feine Streifen schneiden. Die Gurke schälen, halbieren, entkernen und in dünne Scheibchen hobeln. Die Paprikaschote mit einem Sparschäler schälen, entkernen und in dünne Streifen schneiden. Die Kirschtomaten waschen und halbieren. Den Apfel vierteln, entkernen und in schmale Spalten hobeln.

Die Kapern mit Rapsöl, Apfelwein, Apfelessig, etwas Honig, Salz und Pfeffer cremig rühren. Die heiße Fleischwurst häuten und in 1 cm große Würfel schneiden. Sofort mit dem Dressing begießen und Zwiebeln, Gurke, Paprika, Kirschtomaten und Apfelspalten hinzufügen. Den Salat 30 Minuten durchziehen lassen. Dann noch einmal mit Salz, Pfeffer und Essig abschmecken. Die Petersilie waschen, trockenschleudern und grob über den lauwarmen Salat zupfen.

Bauernsalat

Für 4 Portionen

250 g weiße Zwiebeln • 1/8 l Apfelwein • 1 kleine Zimtstange • 1 Prise Muskatblüte • 1 Prise Nelkenpulver • 400 g Blutwurst • 1 Apfel • 2 Gewürzgurken • 5 EL Rapsöl • 3 EL Rotweinessig • Salz • Pfeffer aus der Mühle • etwas Zucker • 1 Laugenstange • 2 EL Butter

Die Zwiebeln abziehen und in feine Ringe schneiden. Den Apfelwein mit Zimt, Muskatblüte und Nelkenpulver zum Kochen bringen. Die Zwiebelringe darin 2 Minuten ziehen lassen und abgießen. Den Sud auffangen und auf 4 Esslöffel einkochen. Die Blutwurst häuten. Den Apfel vierteln, schälen und entkernen. Wurst, Apfel und Gurken in Würfel oder schmale Streifen schneiden.

Den eingekochten Apfelwein-Zwiebel-Sud mit Rapsöl und Rotweinessig cremig rühren. Mit Salz, Pfeffer und ein wenig Zucker würzen. Zwiebeln, Wurst, Apfel und Gurken in einer Schüssel mischen und mit dem Dressing begießen. 30 Minuten durchziehen lassen. Die Laugenstange in dünne Scheiben schneiden und in der heißen Butter goldbraun rösten. Kurz vor dem Servieren über den Salat streuen.

Der genaue Geburtstag der Frankfurter Würstchen liegt im Dunkeln. Der Siegeszug des leckeren Pärchens begann 1883 in Chicago auf der Weltausstellung, als die Würstchen ihre erste Goldmedaille erhielten. Ein Gericht beschloss 1929, dass Frankfurter Würstchen nur im Frankfurter Wirtschaftsraum hergestellt werden dürfen.

Frankfurter Wurstsalat

Für 4 Portionen

125 g mageres Dörrfleisch ohne Schwarte • 200 g tiefgefrorene Erbsen • Salz • 1 rote Paprikaschote • 4 Paar Frankfurter Würstchen • 150 g Feldsalat • 2 hart gekochte Eier • 2 Stangen Sellerie • 2 Eigelbe • 1/8 l Apfelwein • etwas Zitronensaft • etwas Jogurt • Pfeffer aus der Mühle • 1 EL körniger Senf • 1 TL Honig

Das Dörrfleisch in schmale Streifen schneiden und in einer Pfanne langsam knusprig braten. Auf Küchenpapier entfetten. Die Erbsen in wenig Salzwasser 5 bis 7 Minuten garen, abgießen und abkühlen lassen. Die Paprikaschote mit einem Sparschäler schälen und in streichholzgroße Streifen schneiden.

Die Würstchen in dünne Scheiben schneiden. Den Feldsalat putzen, waschen und gut abtropfen lassen. Anschließend auf eine Platte legen. Die Eier pellen und mit dem Eierschneider in Scheiben schneiden. Die Selleriestangen abfädeln und ebenfalls in dünne Scheiben schneiden. Alle Zutaten bis auf das Dörrfleisch auf das Feldsalatbett legen.

Für das Dressing die beiden Eigelbe mit dem Apfelwein in einen Schneekessel geben und über einem heißen Wasserbad schaumig rühren. Etwas Zitronensaft, ein wenig Jogurt, Salz, Pfeffer, Senf und Honig mit dem Apfelweinschaum mischen. Über die Salatplatte gießen, mit dem knusprigen Dörrfleisch bestreuen und sofort anrichten.

Schon im letzten Jahrhundert war der gebackene Camembert mit Preiselbeeren ein beliebtes kleines Gericht, das noch heute auf den Speisekarten zahlreicher Gasthäuser zu entdecken ist – wenn auch wenig beachtet von den hungrigen Gästen. Ist der Käse gut gereift, ist das Paniermehl frisch und wohlschmeckend, verwendet der Koch ein gutes Ausbackfett, fehlt nur noch die passende Beilage, die bei uns natürlich aus köstlichen Äpfeln und Apfelwein gekocht wird.

Gebackener Camembert mit süßsaurem Apfelkompott

Für 4 Portionen

500 g Äpfel • 2 Zwiebeln • 2 EL Rapsöl • 1/8 l Apfelwein • 100 g brauner Zucker • 1 Zimtstange • 1 Lorbeerblatt • 1 Messerspitze Nelkenpulver • 8 EL Apfelcssig • Salz • 2 EL eingelegte grüne Pfefferkörner • 1 doppeltes Wasserweck vom Vortag • 1 TL getrockneter Majoran • 2 Eier • 4 halbe Camemberts • etwas Mehl • Butterschmalz zum Ausbacken

Die Äpfel schälen, vierteln, entkernen und klein würfeln. Die Zwiebeln abziehen und ebenfalls würfeln. Beides in heißem Öl anschwitzen und mit Apfelwein ablöschen. Den Zucker einrühren und auflösen. Zimtstange, Lorbeerblatt und Nelkenpulver hinzufügen. Die Äpfel weich kochen, wobei die Flüssigkeit fast vollständig verdampft sein sollte.

Die Zubereitung abkühlen lassen. Die festen Gewürze entfernen. Mit Apfelessig, Salz und zerdrückten Pfefferkörnern abschmecken. Das Brötchen in einen tiefen Teller reiben und mit dem Majoran mischen. Die Eier in einem anderen Teller verquirlen. Die Camemberts beidseitig mit etwas Mehl bestäuben, durchs Ei ziehen und in das Paniermehl drücken. Den Vorgang noch einmal wiederholen.

Reichlich Butterschmalz in einer tiefen Pfanne erhitzen und die Camemberts darin auf beiden Seiten goldgelb ausbacken. Zusammen mit knusprigen Brötchen und dem süßsauren Apfelkompott anrichten.

Keltermeisters Apfeltoast

Für 4 Portionen

2 Äpfel • 1/8 l Apfelwein • 1 Knoblauchzehe • 400 g Brie • Salz • Pfeffer aus der Mühle • 4 Scheiben Bauernbrot • Butter zum Bestreichen • frischer Meerrettich • 4 EL gehackte Petersilie

Aus der Mitte der Äpfel jeweils 4 schöne Scheiben herausschneiden und entkernen. Die restlichen Apfelstücke schälen, entkernen und fein würfeln. Den Apfelwein mit der geschälten, aber ganzen Knoblauchzehe zum Kochen bringen und die Apfelscheiben darin 3 Minuten garen, herausnehmen und gut abtropfen lassen. Die Apfelwürfel in dem Apfelwein weich kochen.

Die abgetropften Apfelwürfel mit der Knoblauchzehe grob zerdrücken. Den Sud aufbewahren. Den Brie entrinden, mit den abgekühlten Apfelwürfeln mischen und mit Salz und Pfeffer würzen. Falls die Käsecreme nicht streichfähig ist, noch etwas vom Sud einrühren.

Das Brot im Toaster oder im heißen Backofen rösten und mit Butter bestreichen. Die Apfelscheiben darauf legen und 2 Minuten im vorgeheizten Backofen bei 200 Grad erhitzen. Die Käsecreme darauf streichen und weitere 2 bis 3 Minuten überbacken. Mit frisch geraspeltem Meerrettich und etwas Petersilie bestreuen.

Wer nicht mit Apfelwein getauft ist, also im schönen Hessenland nicht geboren und groß wurde, wird sicherlich einige Zeit brauchen, bis ihm das Stöffche richtig mundet. In Frankfurt-Sachsenhausen, dem Apfelweinviertel, hocken auf schmalen Bänken Banker und Rentner, vornehme Damen und leichte Mädchen nebeneinander, prosten sich zu und genießen den Handkäs mit Musik oder die lauwarme Brezel mit Butter.

Eingelegter Handkäs

Für 4 Portionen

10 schöne reife Handkäse • 3/4 l naturtrüber Apfelwein • 10 Pfefferkörner • 1 Apfel • 3 bis 4 Zwiebeln • 6 EL Rapsöl • etwas Kümmel • Paprikapulver • 4 Laugenbrezeln

Den Handkäse in ein irdenes Gefäß legen und mit dem Apfelwein begießen. Pfefferkörner einstreuen. Den Apfel vierteln und dazugeben. Die Zwiebeln abziehen und in dünne Scheiben schneiden. Die Zwiebelringe zu dem Handkäse geben.

Das Gefäß mit einem Küchentuch abdecken und den Käse an einem kühlen Ort 24 Stunden durchziehen lassen. Jeweils 2 durchgezogene Handkäse auf einen Teller legen. Die beiden restlichen Goldtaler sind für diejenigen mit dem ganz großen Hunger. Die Zwiebelringe aus dem Sud fischen und über den Käse drapieren.

Das Öl mit etwas Sud mischen und über Zwiebeln und Handkäse gießen. Mit ein wenig Paprikapulver und Kümmel bestreuen. Die Brezel im heißen Backofen erwärmen und dazu reichen.

Brot – gleich welcher Form und aus welchem Getreide – wird auf der ganzen Welt gegessen. Und obwohl unsere Bäckermeister die schönsten Brote backen, schmeckt ein hausgemachtes Brot sehr viel besser. Mögen Sie keine Nüsse, lassen Sie sie weg oder mischen Sie unter den Teig die gleiche Menge Röstzwiebeln, Leinsamen oder Speckwürfel. Serviert die Frau ihrem Liebsten dazu ein Töpfchen mit Apfelschmalz, wird er sie nie im Leben wieder verlassen. Das ist ein Rezept, für welches man geheiratet wird.

Apfelweinbrot

Für 1 Kastenform, 26 bis 28 cm lang

125 g Haselnüsse • 250 g Roggenmehl Type 997 • 250 g Weizenvollkornmehl • 1 TL Zucker • 1 EL Salz • 15 g Sauerteigpulver (Reformhaus oder Bioladen) • 1 Päckchen Trockenhefe • 4 EL Haselnussöl • 350 ml lauwarmer Apfelwein • 2 EL Apfelessig • Mehl zum Bearbeiten • Butter für die Form • 1 Eigelb

Die Haselnüsse in einer fettfreien Pfanne leicht rösten, abkühlen lassen und grob hacken. Die beiden Mehlsorten mit Zucker, Salz, Sauerteigpulver und Trockenhefe und den Nüssen in einer angewärmten Schüssel mischen. Öl, Apfelwein und Essig darüber gießen.

Alle Zutaten kräftig kneten. Bei Bedarf noch etwas Mehl hinzufügen. Die Schüssel mit Mehl ausstreuen, den Teig zu einer Kugel formen und darin zugedeckt an einem warmen Ort 1 Stunde ruhen lassen. Die Form mit Butter einfetten. Den Teig noch einmal durchkneten und in die Form setzen. Zugedeckt noch einmal an einem warmen Ort 45 Minuten gehen lassen.

Das Eigelb mit ein wenig Wasser verrühren und die Brotoberfläche damit bestreichen. Das Brot längs einmal etwa 1 Zentimeter tief einschneiden. Das Brot im vorgeheizten Backofen bei 200 Grad ungefähr 1 Stunde backen. In der Form 10 Minuten ruhen lassen, dann zum Auskühlen auf ein Kuchengitter stürzen.

Apfelschmalz

Für viele Portionen

500 g Flomen • 1 dicke Zwiebel • 1 Lorbeerblatt • 2 Gewürznelken • 1 rote getrocknete Chilischote • 100 g Dörrfleisch • 1 kleiner fester Apfel • 2 EL Apfelschnaps • 1 EL getrockneter Majoran • 6 schwarze Pfefferkörner • 6 Walnusskerne

Die Flomen grob würfeln und in einem Topf bei mittlerer Hitze auslassen. Die Zwiebel abziehen und mit dem Lorbeerblatt, den Nelken und der Chilischote spicken. Das Dörrfleisch grob würfeln. Den Apfel vierteln, schälen, entkernen und in kleine Würfel schneiden. Die Apfelwürfel mit dem Apfelschnaps begießen.

Sobald das ganze Fett ausgetreten ist, die groben Teile mit einer Schaumkelle entfernen und den Majoran einrühren. Die Pfefferkörner im Mörser zerreiben und ebenfalls zum Fett geben. Die Walnüsse mittelfein hacken. Die gespickte Zwiebel, die abgetropften Apfelwürfel und die Walnüsse in dem Fett noch einmal sanft 3 Minuten kochen. Die Zwiebel in eine feuerfeste Form geben und das Schmalz darüber gießen. Während des Erstarrens sollte das Schmalz öfter umgerührt werden.

Wurst ist lecker! Die Hessen haben eine besondere Affinität zur Wurst. Weltberühmt sind die Frankfurter Würstchen, die kleinen goldbraunen Pärchen, die nur im Frankfurter Wirtschaftsraum nach strengen Richtlinien hergestellt werden dürfen. Ebenfalls aus Hessen stammen Fleischwurst, Gelbwurst, „ahle" Blutwurst und Leberwurst, Kartoffelwurst, Presskopf und Schwartenmagen, würzige Hausmacherwürste, die warm und kalt schmecken.

Apfeltoast mit Blutwurst

Für 4 Portionen

2 Äpfel • 1 kleine Zimtstange • 1 TL Zucker • 2 Gewürznelken • 1/8 l Apfelwein • 2 Zwiebeln • 75 g Butter • Salz • Pfeffer aus der Mühle • 4 Scheiben Roggentoastbrot • 400 g Blutwurst • 4 EL Schnittlauchröllchen

Die Äpfel waschen, vierteln und entkernen. Die Viertel in dicke Spalten schneiden. Die Zimtstange mit Zucker, Gewürznelken und dem Apfelwein aufkochen. Die Apfelviertel darin bissfest garen und warm halten. Die Zwiebeln abziehen und in feine Ringe schneiden. Etwas Butter in einer Pfanne erhitzen und die Zwiebelringe darin goldbraun rösten. Mit Salz und Pfeffer würzen.

Die Brotscheiben leicht toasten und mit etwas Butter bestreichen. Die abgetropften Apfelspalten darauf legen. Die Blutwurst in dicke Scheiben schneiden und in der restlichen Butter auf beiden Seiten braten. Die Blutwurstscheiben auf die Apfelspalten legen. Mit den knusprigen Zwiebelringen belegen und mit Schnittlauchröllchen bestreuen.

Alles hat ein Ende, nur die Wurst hat zwei, singt der Volksmund ganz richtig. Diese Wurst hat bei uns kein Ende und kann somit immer und immer wieder genossen werden.

Saurer Presskopf auf Bauernbrot

Für 4 Portionen

4 dicke Scheiben Presskopf oder Schwartenmagen • 2 Zwiebeln • 1 Knoblauchzehe • 8 EL Rapsöl • 3 EL Apfelwein • 3 EL Apfelessig • 1 Lorbeerblatt • 1 EL Senfkörner • 1 TL Pimentkörner • Salz • Pfeffer aus der Mühle • 4 Scheiben Bauernbrot • etwas Butter • etwas Senf • 4 Salatblätter • 4 Kirschtomaten • 1 kleine Gewürzgurke • etwas Petersilie

Presskopf oder Schwartenmagen nebeneinander in eine Schale legen. Zwiebeln und Knoblauch abziehen und fein würfeln. Das Öl mit Apfelwein, Apfelessig, Lorbeerblatt, Senfkörnern, Pimentkörnern, Zwiebeln und Knoblauch mischen. Mit Salz und Pfeffer würzen. Die Essig-Öl-Marinade über die Wurstscheiben gießen und zugedeckt im Kühlschrank 2 bis 4 Stunden durchziehen lassen.

Die Brotscheiben mit etwas Butter und Senf bestreichen. Auf jede Brotscheibe ein Salatblatt und darüber eine marinierte Wurstscheibe legen. Ein paar Zwiebelwürfel dazugeben. Die Kirschtomaten vierteln, die Gewürzgurke schräg in dünne Scheiben schneiden. Die Wurstbrote mit Tomaten, Gurkenscheiben und Petersilie garnieren.

Die Französische Revolution 1789 weckt auch in Deutschland Hoffnung auf bürgerliche Freiheiten. Aber als die Frankfurter sich weigern, sich der Republik der Franken anzuschließen, wird Frankfurt von den Franzosen eingenommen. Im Laufe der Zeit wird die Stadt noch öfter von den Franzosen besetzt. 1807 besucht Napoleon die Stadt, deren Bürger zu seinen Untertanen geworden sind. Am 1. November 1813 verlässt Napoleon die Stadt, die nun wieder Freie Reichsstadt ist. Trotz Kriegsgeschrei und Säbelrasseln hinterlassen die Franzosen auch Kulinarisches. Bei diesem Rezept darf der hessische Apfelwein auch durch französischen oder hessischen Cidre ersetzt werden.

Gefülltes Franzosenbrot

Für 4 Portionen

1 kleines Baguette • 75 g weiche Butter • 1 fester Apfel • 1/8 l Apfelwein • Salz • grob geschroteter Pfeffer • 1 EL Majoranblättchen • 350 g Schweinemett • 1 Eigelb • 1 Zwiebel • 1 Knoblauchzehe • 1 Salzgurke • 1 kleines Stück frischer Meerrettich

Das Baguette längs halbieren, das weiche Innenleben herauslösen und die Brothälften einige Minuten im heißen Backofen aufbacken. Die Butter schaumig rühren. Den Apfel schälen, vierteln, entkernen und in feine Würfel schneiden. Knapp die Hälfte der Apfelwürfel mit der Butter verrühren, etwas Apfelwein, Salz, Pfeffer und Majoran hinzufügen. Die Unterseite des aufgebackenen Brots mit der gewürzten Butter bestreichen. Die obere Hälfte innen leicht mit Apfelwein tränken.

Für die Füllung das Mett mit dem Eigelb mischen. Die Zwiebel und den Knoblauch abziehen und fein würfeln, ebenso die Salzgurke. Mit dem Mett zu einer glatten Masse verarbeiten und mit Salz und Pfeffer abschmecken. Die Füllung auf die Brotunterseite streichen, etwas frischen Meerrettich darüber raspeln und die Oberseite darüber legen. Das Brot in Alufolie wickeln und 30 Min. kühl stellen oder im vorgeheizten Backofen bei 200 Grad etwa 20 Minuten backen.

Entenleber auf Feldsalat

Für 4 Portionen

400 g Entenleber • etwas Mehl • 4 EL Gänseschmalz • 2 große Zwiebeln • 1 großer Apfel • 1/4 l Apfelwein • 1 EL frische Majoranblättchen • Salz • Pfeffer aus der Mühle • 125 g Feldsalat

Die Leber säubern und mit etwas Mehl bestäuben. Die Hälfte des Schmalzes in einer Pfanne erhitzen und die Leber darin auf beiden Seiten 3 bis 4 Minuten braten. Die Leber warm stellen. Das restliche Schmalz in die Pfanne geben. Die Zwiebeln abziehen und in feine Halbringe schneiden. In dem Schmalz anschwitzen. Den Apfel vierteln, entkernen, schälen und in schmale Spalten schneiden.

Apfelspalten zu den Zwiebeln geben, mit dem Apfelwein ablöschen und so lange braten, bis die Flüssigkeit zur Hälfte verdampft ist. Die Leber dazusetzen und alles mit Majoranblättchen, Salz und Pfeffer würzen. Den Salat putzen, waschen und auf 4 Tellern anrichten. Die Leber dazusetzen und alles mit etwas Bratfond beträufeln.

Herzhafte Köstlichkeiten mit Fleisch und Gemüse

Dieses wunderbare Gericht lernte ich bei einer echten europäischen Familie kennen und schätzen. Die Rippchen waren hessisch wie die Mutter, die Champignons französisch wie der Vater, das Paprikakraut ungarisch wie die Schwiegertochter, und der Sohn, ein Hessenbub, wurde mit Apfelwein in der Wetterau getauft. Nicht unerwähnt bleiben soll, dass die Mutter der Mutter aus Dänemark kam und die Schwiegertochter polnische und tschechische Vorfahren hatte.

Rippchen mit Champignons und Paprikakraut

Für 4 Portionen

2 rote Paprikaschoten • 1 Chilischote • 3 Zwiebeln • 1 Knoblauchzehe • 75 g Butter • 500 g Fasssauerkraut • 200 ml Cidre • 1 EL Paprikapulver • 2 EL Paprikamark (Ajvar) • Salz • Pfeffer aus der Mühle • Honig • 100 g süße Sahne • 4 gekochte Rippchen • 2 EL Schweineschmalz • 250 g braune Champignons • Cayennepfeffer • 4 EL gehackte Petersilie

Die Paprikaschoten vierteln, mit einem Sparschäler schälen, entkernen und in kleine Würfel schneiden. Die Chilischote entkernen und fein hacken. Zwiebeln und Knoblauch abziehen und klein schneiden. Die Butter in einem Topf schmelzen, Zwiebeln, Knoblauch, Chili und Paprika darin anschwitzen. Sauerkraut, 150 Milliliter Cidre, Paprikapulver und Paprikamark einrühren und bei milder Hitze 20 Minuten garen. Mit Salz, Pfeffer und etwas Honig abschmecken. Zum Schluss die Sahne dazugeben und etwas einkochen.

Die Rippchen in dem heißen Schweineschmalz anbraten. Die Pilze putzen und vierteln. Zu den Rippchen geben, kurz anbraten und mit dem restlichen Cidre ablöschen. Rippchen und Pilze 8 bis 10 Minuten garen. Mit Salz, Pfeffer, Cayennepfeffer und gehackter Petersilie abschmecken.

Bärlauch, dieses würzige Kraut, wird im Frühling auf Wochenmärkten angeboten. Beim Zerkleinern verströmt es einen herrlichen Knoblauchgeruch. Der frühlingsfrische Bärlauch gedeiht ab Februar auf feuchten Böden in Wald und Feld. Seine länglichen Blätter ähneln denen von Maiglöckchen, die jedoch giftig sind. Also, Augen und Nase auf beim Sammeln, Maiglöckchenblätter duften nicht nach Knoblauch.

Bratwurst mit Bärlauch-Kartoffel-Püree

Für 4 Portionen

1 Bund Frühlingszwiebeln • 4 dicke grobe Bratwürste • 2 EL Schweineschmalz • 1/8 l Apfelwein • Salz • Pfeffer aus der Mühle • 1 EL Estragonsenf • 2 EL Schmand • 1 kg mehlig kochende Kartoffeln • 250 g Mascarpone • 125 g Bärlauch • Muskatnuss

Von den Frühlingszwiebeln nur den weißen und hellgrünen Teil in feine Ringe schneiden. Die Bratwürste mit kochendem Wasser überbrühen, damit sie nicht platzen. Das Schmalz in einer Pfanne erhitzen und die Würste darin leicht anbraten. Zwiebeln hinzufügen und mitrösten. Den Apfelwein angießen und alles 10 bis 12 Minuten garen. Die Zwiebeln mit Salz und Pfeffer abschmecken. Den Senf mit dem Schmand mischen und über die Zwiebeln und Würste gießen.

Die Kartoffeln schälen und in etwas Salzwasser weich kochen. Das Kochwasser abgießen und auffangen. Den Mascarpone zu den Kartoffeln geben und zerstampfen. Mit etwas Kartoffelwasser cremig rühren. Den Bärlauch waschen, gut abtropfen lassen und fein hacken. Mit dem heißen Kartoffelpüree mischen und mit Salz, Pfeffer und etwas frisch geriebener Muskatnuss abschmecken.

Hackfleischpfanne mit Reis

Für 4 Portionen

150 g Langkornreis • 1/2 l Fleischbrühe • 3/4 l Apfelwein • 1 Stiel Rosmarin • 4 EL Olivenöl • 400 g Lamm- oder Rinderhackfleisch • 1 Bund Frühlingszwiebeln • 1 Apfel • 4 EL Rosinen • 1 Zimtstange • 3 Lorbeerblätter • 1 TL geriebener Ingwer • Salz • Pfeffer aus der Mühle • 40 g Walnusskerne • 200 g Schmand • 2 EL Orangensaft • 1 TL Honig

Den Reis waschen. Fleischbrühe und 1/2 Liter Apfelwein mit dem Rosmarin zum Kochen bringen. Den Reis einrieseln lassen und in 15 bis 20 Minuten bissfest garen. Überschüssige Flüssigkeit abgießen. Das Öl in einer großen Pfanne erhitzen und das Hackfleisch darin krümelig braten. Frühlingszwiebeln klein schneiden, den Apfel vierteln, entkernen, schälen und klein schneiden. Beides mit den Rosinen, der Zimtstange, den Lorbeerblättern und dem Ingwer zum Hackfleisch geben. Alles kräftig anbraten.

Den restlichen Apfelwein angießen, den Reis hinzufügen und so lange sanft braten, bis die Flüssigkeit verdampft ist. Die Reispfanne mit Salz und Pfeffer abschmecken. Die Walnüsse grob hacken und mit Schmand, Orangensaft und etwas Honig glatt rühren. Den gewürzten Schmand getrennt zur Reispfanne reichen.

Schwarzwurzeln galten lange Zeit als Spargel des armen Mannes. Heute sind die köstlichen schwarzen Stangen aber nicht viel preiswerter als der edle weiße Spargel. Unverständlicherweise gehören Schwarzwurzeln nicht zum Lieblingsgemüse der meisten Hessen. Schwarzwurzeln gibt es nur im Winter. Sie müssen gebürstet und sorgfältig – am besten mit Handschuhen – geschält werden. Das geschälte Gemüse sofort in Zitronen- oder Essigwasser legen, damit es sich nicht verfärbt. Die Urheimat der Schwarzwurzel ist Spanien. Dort galt sie als Heilpflanze gegen Pest und allerlei Unwohlsein. Schwarzwurzeln sind reich an Mineralstoffen wie Kalium, Kalzium, Natrium und verschiedenen Vitaminen. Wir kaufen unsere Schwarzwurzeln auf dem Offenbacher Markt und das Rezept stammt von einem Offenbacher Marktbesucher.

Gefülltes Schweinekotelett mit Schwarzwurzeln

Für 4 Portionen

1 kg Schwarzwurzeln • etwas Essig • Salz • 1/2 l Milch • 2 Schalotten • 40 g Butter • 1 EL Mehl • 275 ml Apfelwein • 100 ml Gemüsebrühe • Salz • Pfeffer aus der Mühle • Muskatnuss • etwas Zitronensaft • 1 Eigelb • 3 EL Schmand • 150 g Dörrobst • Zimt • 4 dicke Koteletts • Butterschmalz zum Braten • Holzspießchen

Die Schwarzwurzeln abbürsten, schälen und schräg in mundgerechte Stücke schneiden. Sofort in eine Schüssel mit Essigwasser legen. 1 Teelöffel Salz mit einem Viertel Liter Wasser und der Hälfte der Milch zum Kochen bringen. Die Schwarzwurzeln darin garen. Die Schalotten abziehen und fein würfeln. In der heißen Butter anschwitzen. Das Mehl einrühren und mit 150 Milliliter Apfelwein, Gemüsebrühe und der restlichen Milch glatt rühren. Fünf Minuten köcheln lassen.

Die Soße mit Salz, Pfeffer, frisch geriebener Muskatnuss und Zitronensaft abschmecken. Zum Schluss das Eigelb mit dem Schmand einrühren und die Schwarzwurzeln darin noch einmal erhitzen. Das Dörrobst in dem restlichen Apfelwein 10 Minuten sanft garen. Abgießen und grob würfeln, mit Zimt würzen.

In die Koteletts seitlich eine Tasche schneiden, mit dem gewürfelten Dörrobst füllen und mit Holzspießchen fest stecken. Das Fleisch mit Salz und Pfeffer würzen und in dem heißen Butterschmalz beidseitig insgesamt 30 Minuten braten.

Chilischoten sind weiß Gott kein hessisches Gewürz, aber ich liebe diese scharfen Schoten. Je kleiner die Chilis, ob grün, rot oder orange, desto schärfer ihr Geschmack. Für eine milde Schärfe wird die Schote einfach mitgekocht und später entfernt. Wird die Schote längs aufgeschnitten und mitgekocht, intensiviert dies die Schärfe. Wer vor dem Kochen die hellen Trennwände und die Kerne entfernt, mildert auch dadurch die Schärfe, aber dennoch liefert die klein gehackte Schote einen teuflisch-scharfen Geschmack. Wer mit Chilischoten hantiert, sollte seine Hände danach sofort gründlich mit Seife waschen. Wie gesagt, obwohl Chilis kein hessisches Gewürz sind, vertragen sie sich gut mit unseren Apfelweingerichten und sie gedeihen prächtig unter hessischer Sonne im Garten oder auf dem Balkon.

Spanferkelkeule mit Spitzkohl

Für 6 Portionen

1 Spanferkelkeule • 15 Gewürznelken • 4 Zwiebeln • 3 Sternanis • 1 Zimtstange • 1 l Apfelwein • 4 EL Rapsöl • Salz • Pfeffer aus der Mühle • 250 g Wurzelgemüse • 1 Bund Thymian • 1 Knoblauchknolle • 1/2 l Fleischbrühe • etwas Puderzucker • dunkler Soßenbinder • 800 g Spitzkohl • 2 Schalotten • 50 g Butter • 1 rote Chilischote • Muskatnuss • 3 EL süße Sahne

Die Schwarte der Keule mit einem scharfen Messer kreuzweise einritzen. Die Gewürznelken in die Zwischenräume stecken. Die Zwiebeln abziehen und in feine Ringe schneiden. Zwiebelringe, Sternanis, Zimtstange und Apfelwein mischen. Den gewürzten Apfelwein über die Keule gießen und 24 Stunden kühl stellen. Zwischendurch öfter wenden.

Den Backofen mit der Saftpfanne auf 220 Grad erhitzen. Das Fleisch aus der Marinade nehmen und trockentupfen. Mit Öl,

Salz und Pfeffer einreiben. Das Wurzelgemüse putzen und fein würfeln. Die Keule mit der Schwartenseite nach unten in die heiße Saftpfanne legen und einige Minuten anbraten. Die Temperatur auf 200 Grad reduzieren. Die Keule wenden, die Hälfte der Marinade mit den Gewürzen dazugießen und 1 Stunde schmoren.

Das gewürfelte Wurzelgemüse, die Thymianstängel und die halbierte Knoblauchknolle um die Keule legen und mit der restlichen Marinade und der heißen Brühe aufgießen. Das Fleisch öfter mit dem Bratensaft begießen oder mit einem breiten Küchenpinsel bestreichen.

Nach knapp 2 Stunden sollte die Keule gar sein. Das Fleisch herausnehmen, den Bratensaft durch ein Sieb in einen Topf gießen. Die Gewürznelken entfernen und die Schwarte dünn mit Puderzucker bestäuben und im heißen Backofen knusprig braten.

Den gegarten Knoblauch nach Belieben aus den Schalen in die Soße drücken und/oder etwas Knoblauch für das Gemüse zurücklegen. Die Soße mit Soßenbinder leicht andicken und mit Salz und Pfeffer nachwürzen.

Für das Gemüse die äußeren Blätter und den Strunk des Kohls entfernen. Den Kohl in 1 Zentimeter breite Streifen schneiden. Die Schalotten abziehen und fein würfeln. Mit etwas Knoblauch in der heißen Butter anschwitzen. Den gewaschenen Kohl und die klein gehackte Chilischote hinzufügen und im geschlossenen Topf 3 bis 4 Minuten garen. Mit Salz, Pfeffer und frisch geriebener Muskatnuss abschmecken. Zum Schluss die Sahne einrühren.

Deutschland ist Wurstland und Hessen ist ein besonders gutes Wurstland. Im Laufe der Jahrhunderte haben die hessischen Metzger einmalige Köstlichkeiten geschaffen. Das erste Stückelchen Wurst, in das ein Kleinkind beißt, ist sicherlich eine Scheibe Gelbwurst, vielleicht aber auch ein Stück heiße Fleischwurst oder ein knackiges Frankfurter Würstchen. Goethe war ein großer (Wurst-)Liebhaber, verlangte er doch noch kurz vor seinem Tode von seiner Freundin Marianne Willemer, ihm ein paar Schwartenmagen zuzuschicken. Einst galt sie als Arme-Leute-Würstchen, die Kartoffelwurst, die rund ein Drittel frische oder gekochte Kartoffeln enthält. Heute schmeckt sie den Armen und Reichen warm und kalt gleichermaßen gut.

Kartoffelwursttorte mit Apfel-Senf-Soße

Für 1 Springform von etwa 18 cm Durchmesser

125 g kalte Butter • 250 g Mehl Type 550 • Salz • getrockneter Majoran • 3 bis 4 EL Apfelwein • Butter für die Form • 400 g mehlig kochende Kartoffeln • 2 Zwiebeln • 1 Knoblauchzehe • 2 EL Butter • Muskatnuss • 1 Ei • 1 Eigelb • etwas Schmand • 4 Kartoffelwürste • 1 kleiner Apfel • 8 EL Apfelwein • 3 bis 4 EL Meerrettich • 1 EL scharfer Senf • etwas süße Sahne • Worcestersoße

Die Butter würfeln und mit dem Mehl, etwas Salz, ein wenig getrocknetem Majoran und dem Apfelwein zu einem glatten Teig verkneten. Die Form mit Butter einfetten. Etwa zwei Drittel des Teigs dünn ausrollen und in die Form legen, dabei einen Rand formen. Die Form und den restlichen Teig kühl stellen.

Die Kartoffeln garen, schälen und durch die Presse drücken oder zerstampfen. Zwiebeln und Knoblauch abziehen, fein würfeln und in der heißen Butter weich schmoren. Mit Salz, Pfeffer, etwas frisch geriebener Muskatnuss, Ei und Eigelb zu den Kartoffeln geben. Mit etwas Schmand cremig rühren.

Ein wenig Kartoffelmasse auf den Teigboden streichen, die Würstchen darüber legen und mit dem restlichen Kartoffelpüree abdecken. Den restlichen Teig rund ausrollen und die Torte damit abdecken. Die Oberfläche mit einer Gabel mehrmals einstechen. Im vorgeheizten Backofen bei 200 Grad 25 bis 30 Minuten backen.

Für die Soße den Apfel vierteln, entkernen, schälen und fein würfeln. In dem heißen Apfelwein bissfest garen und abgießen. Die Apfelwürfel mit Meerrettich, Senf und etwas Sahne verrühren, mit Salz, Pfeffer und einigen Spritzern Worcestersoße abschmecken.

Gerichte mit Hackfleisch sind preiswert und lecker. Beliebt ist gemischtes Hackfleisch von Schwein und Rind. Etwas kalorienreicher ist das Hackfleisch, auch als Mett bezeichnet, aus reinem Schweinefleisch. Für unsere Frikadellen sollte es ungewürzt sein. Probieren Sie auch einmal Hackfleisch von Lamm oder Geflügel. Lammhackfleisch gibt's tiefgefroren im Supermarkt oder frisch beim Türken, Hack aus Geflügelfleisch müssen Sie selber herstellen.

Mettfrikadellen mit Brotsoße

Für 4 Portionen

1 altbackenes Kümmelbrötchen • 600 g Schweinemett • 1 Ei • 1 Zwiebel • Salz • Pfeffer aus der Mühle • Paprikapulver • 1 TL getrockneter Majoran • etwas Butterschmalz • 1 Apfel • 2 Knoblauchzehen • 2 Tomaten • 1/4 l Apfelwein • 5 Scheiben Toastbrot • 200 g süße Sahne • 4 EL Schnittlauchröllchen

Das Brötchen in lauwarmem Wasser einweichen, gut ausdrücken und in eine Schüssel zupfen. Mett und Ei hinzufügen. Die Zwiebel abziehen und fein würfeln, ebenfalls zum Mett geben und mit Salz, Peffer, Paprikapulver und Majoran würzen. Vier Frikadellen formen und in heißem Butterschmalz auf jeder Seite 8 bis 10 Minuten braten.

Für die Soße den Apfel vierteln, schälen, entkernen und sehr fein würfeln. Die Knoblauchzehen abziehen und durch die Presse drücken. Die Tomaten kurz in kochendes Wasser tauchen, häuten, entkernen und fein würfeln.

Die Frikadellen im Backofen warm halten. Den Bratfond mit Apfelwein ablöschen, Apfelwürfel, Knoblauch und Tomaten dazugeben und alles um etwa ein Drittel einkochen. Das Brot entrinden, würfeln und zur Apfel-Tomaten-Mischung geben. Mit der Sahne auffüllen und cremig einkochen. Die Soße durch ein feines Sieb streichen, mit Salz und Pfeffer abschmecken. Die Frikadellen in der heißen Soße kurz ziehen lassen und mit Schnittlauchröllchen bestreuen.

Gefüllte Pilzkartoffeln mit Geschnetzeltem

Für 4 Portionen

4 sehr dicke Kartoffeln • 100 g Dörrfleisch • 2 EL Rapsöl • 1 Zwiebel • 125 g Champignons • 150 g Schmand • Salz • Pfeffer aus der Mühle • 4 EL gehackte Petersilie • 4 EL geriebener Käse • 4 Schweineschnitzel • etwas Mehl • 2 EL Butterschmalz • 1/8 l Apfelwein • Honig • Zimt • 50 g Butter

Die Kartoffeln in Alufolie wickeln und im Backofen bei 220 Grad 45 bis 60 Minuten garen. Das Dörrfleisch fein würfeln und in heißem Öl anschwitzen. Die Zwiebel abziehen und ebenfalls fein würfeln. Zum Dörrfleisch geben und glasig schmoren. Die Pilze putzen und blättrig schneiden. Zu den Zwiebeln geben und bei großer Hitze 3 Minuten schmoren. Von den Kartoffeln längs einen Deckel abschneiden und die Kartoffeln aushöhlen. Die Kartoffelmasse zerdrücken und mit Pilzen und Schmand verrühren. Mit Salz, Pfeffer und Petersilie würzen und in die ausgehöhlten Kartoffeln häufen. Mit etwas Käse bestreuen und im heißen Backofen bei 200 Grad 10 bis 12 Minuten backen. Die Deckel im Ofen kurz mit erhitzen.

Die Schnitzel in schmale Streifen schneiden, mit Salz und Pfeffer würzen und in Mehl wenden. Das Fleisch in heißem Butterschmalz kräftig anbraten. Das Fleisch herausnehmen und den Bratensatz mit Apfelwein ablöschen. Etwas einkochen lassen, dann mit Salz, Pfeffer, etwas Honig und ein wenig Zimt abschmecken und die Butter darin schmelzen lassen. Das Fleisch in der Soße fertig garen. Die Deckel auf die heißen Kartoffeln setzen.

Was machen eigentlich die kleinen Würmer in den Äpfeln, nachdem diese geerntet wurden? Wie, Würmer? In den Äpfeln? Ein natürlich gereifter, ungespritzter Apfel kann schon mal als Untermieter einen kleinen Wurm beherbergen. Vielleicht flieht der Wurm, wenn die Äpfel zum Pressen transportiert werden und sucht sich eine sichere Behausung. Andererseits: Nur gesunde und wohlschmeckende Äpfel haben manchmal einen Untermieter.

Schweinerollbraten mit Kartoffelklößen

Für 6 Portionen

1 Bund Frühlingszwiebeln • 1 Knoblauchzehe • 2 Äpfel • 2 EL Butter • 150 g feste Blutwurst • Salz • Pfeffer aus der Mühle • etwas Lebkuchengewürz • 1 EL getrockneter Majoran • 1,2 kg magerer Schweinebauch mit Schwarte • 2 EL süßer Senf • 4 EL Rapsöl • 1 Bund Suppengrün • 3/4 l Apfelwein • dunkler Soßenbinder • 2 EL Apfelschnaps • 750 g gekochte, geschälte Kartoffeln • 75 g Mehl • 75 g Speisestärke • 1 Ei • Muskat

Den weißen und hellgrünen Teil der Frühlingszwiebeln klein schneiden. Die Knoblauchzehe abziehen und fein hacken. Die Äpfel vierteln, schälen, entkernen und würfeln. Die Butter erhitzen und Frühlingszwiebeln, Knoblauch und Apfelwürfel darin 3 Minuten unter Rühren schmoren. Die Blutwurst ohne Haut klein schneiden und mit der Apfelmischung verrühren. Mit Salz, Pfeffer, etwas Lebkuchengewürz und der Hälfte des Majorans pikant abschmecken.

Die Schwarte des Schweinebauchs kreuzförmig einritzen. Die andere Seite mit Senf bestreichen und die Füllung darauf geben. Das Fleisch aufrollen und mit Küchengarn umwickeln. Den Braten mit Salz, Pfeffer und dem restlichen Majoran einreiben. Das Öl in einem Bräter erhitzen und den Braten darin rundherum kräftig anbraten.

Das Suppengrün putzen und würfeln, ums Fleisch legen und kurz mitrösten. Den Apfelwein nach und nach angießen. Das Fleisch insgesamt 70 bis 75 Minuten braten. Bei Bedarf noch etwas Wasser oder Brühe hinzufügen. Das Fleisch herausnehmen. Den Bratfond durch ein Sieb passieren und mit Soßenbinder binden. Die Soße mit Salz, Pfeffer und Apfelschnaps abschmecken. Das Fleisch darin wieder erhitzen oder die Schwarte unter dem heißen Grill knusprig braten.

Für die Klöße die Kartoffeln fein reiben. Mit Mehl und Speisestärke sowie dem Ei zu einer formbaren Masse verkneten. Mit Salz, Pfeffer und etwas frisch geriebener Muskatnuss würzen. Aus der Masse Klöße rollen und in siedendem Salzwasser 15 bis 20 Minuten garen.

Viele Menschen kennen nur die süßsauer eingelegten Rote-Bete-Scheiben. Versuchen Sie doch einmal frisch gekochte Rote Bete, sie schmeckt ausgezeichnet. Die Knollen werden in der Schale gekocht, damit nicht zuviel von ihrem roten Farbstoff, dem Betacyanin, ins Kochwasser gelangt. Weil das Gemüse sehr stark färbt, sollte man zum Bearbeiten dünne Plastikhandschuhe tragen. Die frischen Stiele und die saftigen Blätter sind ebenfalls essbar und sollten nicht weggeworfen werden, sie enthalten Eisen, Betacarotin und Kalzium. Die Knollen liefern reichlich Folsäure, Kalium und Vitamin C. Rote Bete gibt es auch bereits gekocht, geschält und vakuumverpackt im Supermarkt.

Rindsrouladen mit Roter Bete

Für 4 Portionen

2 EL weiche Butter • 1 EL Mehl • 4 Scheiben Rindsrouladen • Salz • Pfeffer aus der Mühle • 4 EL geriebener Meerrettich • 4 Scheiben Schwarzwälder Schinken • 1 kleiner Apfel • 2 Stangen Sellerie • 2 rote Zwiebeln • Butterschmalz zum Braten • 1 Bund Suppengrün • 2 EL Tomatenmark • 1/4 l Apfelwein • 1/4 l Fleischbrühe • 2 Lorbeerblätter • 200 g Schmand • 1/4 Stange frischer Meerrettich • 500 g Rote Bete • 1 EL Honig • 4 EL Apfelessig • 1 TL rote Pfefferkörner • 6 Walnusskerne • 2 EL Walnussöl • 4 EL grob gehackte Petersilie

Die Butter mit dem Mehl verkneten und kühl stellen. Die Rouladen nebeneinander ausbreiten und mit Salz und Pfeffer würzen. Jede Scheibe mit Meerrettich bestreichen und eine Schinkenscheibe darauf legen. Den Apfel vierteln, schälen, entkernen und in dünne Spalten schneiden. Die Selleriestangen abfädeln, 1 Stange in fingerlange, sehr dünne Streifen, die andere Stange in dünne Scheibchen schneiden. Die Zwiebeln abziehen und ebenfalls in dünne Streifen schneiden.

Äpfel, Selleriestifte und die Hälfte der Zwiebeln auf den Fleischscheiben verteilen. Das Fleisch aufrollen und mit Küchengarn umwickeln. Etwas Butterschmalz in einem Bräter erhitzen und die Rouladen darin rundherum kräftig anbraten. Das Suppengrün putzen und sehr fein würfeln. Mit dem Tomatenmark ums Fleisch herumlegen und kurz miträsten.

Zuerst den Apfelwein angießen. Nach und nach die Fleischbrühe und die Lorbeerblätter hinzufügen. Die Rouladen insgesamt 1,5 Stunden schmoren lassen. Die Rouladen aus der Soße nehmen und stückchenweise die kalte Mehlbutter mit dem Schneebesen einrühren, bis die Soße gebunden ist. Gut die Hälfte des Schmands einrühren und mit Salz und Pfeffer abschmecken. Die Rouladen wieder in die Soße legen und erhitzen. Die Meerrettichstange schälen.

Die Rote Bete waschen und in reichlich Wasser 45 bis 55 Minuten weich kochen. Das Gemüse schälen, halbieren und in dünne Scheiben schneiden. Den Honig mit dem Apfelessig mischen und über die Rote Bete gießen. Die restlichen roten Zwiebeln, die Selleriescheibchen und den restlichen Schmand hinzufügen. Die Pfefferkörner im Mörser grob zerreiben, die Walnusskerne grob hacken. Beides mit der Roten Bete, Walnussöl und Petersilie mischen. Das Gemüse erhitzen und mit Salz und Pfeffer abschmecken. Das Stück Meerrettich grob raspeln, mit der Roten Bete mischen und über die Rouladen streuen.

Es ist schon sehr lange her, da haben sich der liebe Gott und Petrus wegen der Frankfurter Mentalität gestritten. Plötzlich hatte Gott eine gute Idee. Der quetschte saftige Äpfel durch Petrus' Kaffeemühle und ließ den Saft gären. Als der Saft endlich klar und lecker im Bembel schwappte, durfte Petrus den Göttertrunk kosten. Der liebe Gott schickte Petrus auf einer Express-Sternschnuppe direkt nach Sachsenhausen hinunter, damit die Frankfurter mit ihren Nachbarn und Freunden immer ein Gläschen Ebbelwei schlabbern konnten. Und weil die Menschen sich beim Schoppen Ebbelwei besonders gut verstehen, wird immer noch in Hessen Apfelwein getrunken. (Diese Geschichte ist übrigens über 100 Jahre alt.)

Rinderzunge in Apfelweinsoße

Für 6 Portionen

1 l Apfelwein • 2 Zwiebeln • 5 Lorbeerblätter • 1 EL Pfefferkörner • 1 EL Pimentkörner • 3 Gewürznelken • 1/2 Zimtstange • Salz • 1 frische Rinderzunge • 75 g Butter • 3 TL Mehl • 1 fester Apfel • 1 bis 2 EL Apfelkraut • 2 EL Apfelschnaps • Pfeffer aus der Mühle

Den Apfelwein in einen großen Topf gießen. Die Zwiebeln abziehen und in Ringe schneiden. Mit den Lorbeerblättern, Pfefferkörnern, Pimentkörnern, Gewürznelken, Zimt und einer ordentlichen Portion Salz zum Apfelwein geben. Die Rinderzunge hineinlegen und soviel Wasser wie nötig hinzufügen. Die Zunge sollte mit Flüssigkeit bedeckt sein.

Die Zunge in 2,5 bis 3 Stunden weich kochen. Sofort unter kaltes Wasser halten und die Haut abziehen. Die Brühe durch ein Sieb gießen und auf gut 1/2 Liter einkochen. Für die Soße 2 Esslöffel Butter schmelzen und das Mehl einrühren. Nach und nach die Brühe dazugießen und mit dem Schneebesen glatt rühren. Einige Minuten köcheln lassen.

Den Apfel schälen und mit einem kleinen Kugelausstecher kleine Perlen ausstechen. Oder den geschälten Apfel fein würfeln. Die Soße mit der restlichen Butter, Apfelkraut, Apfelschnaps, Salz und Pfeffer würzig abschmecken. Die Apfelperlen oder Apfelwürfel in der Soße erhitzen. Die Zunge aufschneiden und die Soße getrennt dazu reichen oder die Scheiben in der Soße auftragen.

Sie ist ein Kellerkind, unscheinbar, ihr Umhang ist von schmuddelig-brauner Farbe. Kein Wohlgeruch macht Appetit. Und dennoch betört die unscheinbare Kartoffel heute jeden Feinschmecker. Es gibt kaum ein Nahrungsmittel, das so vielfältig zubereitet werden kann wie Kartoffeln: Pellkartoffeln, Salzkartoffeln, Ofenkartoffeln, Kartoffelpuffer, Kartoffelküchlein, Kartoffelpüree, Bratkartoffeln, Kartoffelgratin, Kartoffelsalat, Kartoffelsuppe, Pommes frites, Kroketten, Klöße usw. Seit Urzeiten gedeiht die Kartoffel in Südamerika. Sie wurde in 8000 Jahre alten Gräbern als Beigabe gefunden. Die ersten Kartoffelpflanzen in Deutschand dienten als Gartenzierde. Der Knolle schrieb man teuflische Kräfte zu. Mit der Wende zum 19. Jahrhundert wurde die Kartoffel in Deutschland zum Grundnahrungsmittel.

Rumpsteak mit Kräuterkruste und Kartoffelküchlein

Für 4 Portionen

5 Scheiben altbackenes Weißbrot • 2 Knoblauchzehen • 50 g Butter • 50 g Schmand • 2 EL gemahlene Haselnüsse • 2 Eigelb • 2 EL frische Thymianblättchen • 1 EL frische Rosmarinnadeln • 1 EL Wacholderbeeren • Salz • Pfeffer aus der Mühle • 4 Scheiben Rumpsteak • Rapsöl zum Braten • 2 Zwiebeln • 4 EL Butter • 1/8 l Apfelwein • 1 EL scharfer Senf • 1 dünne Stange Lauch • 1 Apfel • 750 g mehlig kochende Kartoffeln • 125 g Mehl • 1 Eigelb • Butterschmalz zum Braten

Das Brot entrinden und in der Moulinette oder mit dem Mixstab zerbröseln. Den Knoblauch abziehen und durch die Presse zu den Bröseln drücken. Brösel, Butter, Schmand, Haselnüsse, Eigelbe, Thymian und Rosmarin sowie die klein gehackten Wacholderbeeren zu einer streichfähigen Paste verarbeiten. Mit Salz und Pfeffer würzen.

Die Rumpsteaks mit Salz und Pfeffer einreiben und in heißem Rapsöl beidseitig je 2 Minuten kräftig anbraten. Die Rumpsteaks mit der Kräuterpaste bestreichen und unter dem vorgeheizten Backofengrill gratinieren. Die Zwiebeln abziehen und in feine Halbringe schneiden. In dem Bratfett hellbraun rösten. Die Butter und den Apfelwein hinzufügen und 3 Minuten sprudelnd kochen lassen. Mit Senf, Salz und Pfeffer würzen.

Für die Kartoffelküchlein den hellen Teil des Lauchs in hauchdünne Scheiben schneiden. Den Apfel vierteln, schälen, entkernen und klein würfeln. Die Kartoffeln weich kochen, pellen, zerdrücken und ausdampfen lassen. Mit Lauch, Apfelwürfeln, Mehl und dem Eigelb zu einer formbaren Masse verkneten. Aus der Masse 4 oder 8 Küchlein formen und in heißem Butterschmalz beidseitig goldbraun braten. Die Küchlein auf den geschmorten Zwiebeln anrichten, die Rumpsteaks dazusetzen und etwas Soße hinzufügen.

Ebbelwei und Äppelwoi wird in Hessen getrunken, aber Wein aus Äpfeln gibt es auch in anderen europäischen Ländern. Aus Frankreich kennen wir Cidre, der in der Normandie und in der Bretagne getrunken wird. Aber auch in Nordspanien, in Südengland, im Burgenland im Osten von Österreich und in der Schweiz genießen die Menschen ihren spritzigen Apfelwein. Und in Deutschland keltern nicht nur die Hessen Wein aus Äpfeln, Apfelwein wird auch in Baden-Württemberg und im Saarland getrunken. Jedoch – so eine richtig urige Apfelweinkultur kennen natürlich nur die Hessen – und sie sind stolz auf ihr Heimatgetränk, das aus dem Bembel ausgeschenkt und aus dem gerippten Glas getrunken wird.

Sauerbraten vom Filet mit karamellisierten Möhren

Für 4 Portionen

800 g Rinderfilet aus der Mitte • 1/4 l Apfelessig • 1/2 l Apfelwein • 1 Zwiebel • 3 Lorbeerblätter • 1 TL Pfefferkörner • 1 EL Pimentkörner • 1 TL Senfkörner • 2 Stängel Thymian • 1 Stiel Rosmarin • 1 EL Zucker • 1 Möhre • 1 Stange Sellerie • Salz • Pfeffer aus der Mühle • Butterschmalz zum Braten • 200 g Champignons • 500 g Möhren • 1 Bund Frühlingszwiebeln • 2 EL Puderzucker • 2 EL Butter • 4 TL Orangensaft • 1 EL Apfelessig • Muskatnuss • 4 EL gehackte Petersilie

Das Fleisch von allen Sehnen und Fett befreien. Den Apfelessig mit Apfelwein, geschälter und grob gewürfelter Zwiebel, den Lorbeerblättern, den im Mörser grob zerstoßenen Pfeffer-, Piment- und Senfkörnern, Thymian und Rosmarin, Zucker und der grob gewürfelten Möhre und Selleriestange mischen. Die Marinade über das Fleisch gießen und zugedeckt im Kühlschrank 3 bis 4 Stunden durchziehen lassen.

Das Fleisch aus der Marinade nehmen, trockentupfen und mit Salz und Pfeffer einreiben. Butterschmalz in einem Bräter erhitzen und das Fleisch darin rundherum kräftig anbraten. Die Champignons bei Bedarf kurz kalt abbrausen, putzen und blättrig schneiden. Die Marinade durch ein Sieb gießen. Das Fleisch zugedeckt insgesamt 20 bis 25 Minuten schmoren. Nach 5 Minuten die Pilze hinzufügen und nach und nach die Marinade angießen.

Für das Gemüse die Möhren mit dem Sparschäler schälen und in fingergroße Stifte schneiden. In wenig Salzwasser bissfest garen und abgießen. Die Frühlingszwiebeln putzen, nur den hellen Teil verwenden. Die Zwiebeln je nach Dicke ganz lassen oder längs halbieren oder vierteln. Den Puderzucker in einer Pfanne oder einem weiten Topf zu einem hellen Karamell schmelzen. Butter, Orangensaft und Essig hinzufügen und so lange erhitzen, bis sich der Karamell wieder gelöst hat. Die Zwiebeln darin kurz garen. Die Möhren hinzufügen und mit Salz, Pfeffer, frisch geriebener Muskatnuss und Petersilie abschmecken. Das Fleisch in Alufolie wickeln und den Bratensatz sirupartig einkochen. Das Fleisch aufschneiden, mit etwas Soße beträufeln und mit dem Möhren-Zwiebel-Gemüse anrichten.

Frisches Lammfleisch aus Waldhessen, der Rhön, der Region Knüll, vom Lahntal, aus der Wetterau und dem Odenwald lässt das Herz eines jeden Gourmets höher schlagen. Lammfleisch schmeckt aromatisch und ist fettarm – ein echter Leckerbissen. Lammkoteletts sind schnell gegrillt oder gebraten. Lammhals und Lammschulter eignen sich hervorragend für deftige Eintöpfe mit viel frischem Gemüse. Eine Lammkeule schmurgelt bei nicht zu hoher Temperatur einige Stunden im Backofen – ein typisches österliches Festessen.
Lammfilets schmecken besonders zart. Sie sind in wenigen Minuten gar. Und Linsen müssen heute nicht mehr über Nacht eingeweicht werden. Je nach Qualität und Alter sind sie in 15 Minuten oder 1 Stunde weich.

Lammfiletspieße auf süßsauren Linsen

Für 4 Portionen

200 g Tellerlinsen • 1 Bund Frühlingszwiebeln • 2 EL Butterschmalz • 1 l Gemüse- oder Fleischbrühe • 2 Lorbeerblätter • 1/2 Zimtstange • 1 Sternanis • 10 getrocknete Aprikosen • 1/8 l Apfelwein • 6 EL Cashewkerne • 3 EL Sahnejogurt • Salz • Pfeffer aus der Mühle • Cayennepfeffer • etwas Apfelessig • 8 kleine Zwiebeln oder Schalotten • 2 Knoblauchzehen • 8 EL Olivenöl • 1 TL Kreuzkümmelsamen • 1 TL Currypulver • 500 g Lammfilet • etwas geriebene Zitronen- und Orangenschale • 4 EL gehackte Petersilie

Die Linsen in eine große Schüssel schütten und mehrmals mit kaltem Wasser waschen. Anschließend die Linsen 2 bis 4 Stunden in reichlich kaltem Wasser einweichen. Den weißen und hellgrünen Teil der Frühlingszwiebeln klein schneiden. Dunkles Grün beiseite legen. Die klein geschnittenen Frühlingszwiebeln in dem heißen Butterschmalz kurz anschwitzen. Abgegossene Linsen, Brühe, Lorbeerblätter, Zimtstange, Sternanis, Aprikosen und Apfelwein hinzufügen. Die Linsen garen und abgießen, feste Gewürze entfernen.

Die Cashewkerne in einer fettfreien Pfanne leicht rösten. Cashewkerne und Jogurt mit den Linsen mischen. Mit Salz, Pfeffer, Cayennepfeffer und Apfelessig pikant abschmecken. Für die Spieße die Zwiebeln oder Schalotten abziehen und halbieren. Knoblauch ebenfalls abziehen und durch die Presse drücken. Knoblauch mit Öl, im Mörser zerdrücktem Kreuzkümmel, Curry, Salz und Pfeffer verrühren. Das Fleisch in große Würfel schneiden und abwechselnd mit den Zwiebel- oder Schalottenhälften auf 4 Spieße oder stabile Rosmarinzweige stecken.

Die Spieße mit dem gewürzten Öl bestreichen und 30 Minuten durchziehen lassen. Dann am besten in einer Grillpfanne rundherum 10 bis 12 Minuten braten. Die Spieße auf dem heißen Linsengemüse anrichten und alles mit Zitronen- und Orangenschale, gehackter Petersilie und dem zurückgelegten Zwiebelgrün bestreuen.

Wildfleisch gilt als besonders fettarm und aromatisch. Die Tiere wachsen in natürlicher Umgebung auf und nicht in engen Ställen. Wild hat von Herbst bis Winter Saison. Tiefkühltruhen und Importe versorgen uns heute rund ums Jahr mit köstlichem Wildfleisch. Als zum Kühlen nur ein Keller oder eine Höhle zur Verfügung stand, hatte Wildfleisch einen Hautgout, der durch das Beizen im Essig- und Weinsud gemildert werden sollte. Tagelanges Beizen trocknet jedoch das Fleisch aus. Wild kauft man am besten beim Wildhändler oder tiefgefroren. Und es sollte stets durchgegart werden. Waldläden mit hessischem Wildfleisch unter www.hessenforst.de

Hasenkeulen mit Apfel-Rotkohl

Für 4 Portionen

4 frische oder tiefgefrorene Hasenkeulen • 20 Wacholderbeeren • 2 EL Gin • 1/2 l Apfelwein • 4 Lorbeerblätter • 1 TL Pfefferkörner • 1 Gewürznelke • 5 cm Tannenzweig oder 5 Stängel Thymian • Salz • Pfeffer aus der Mühle • 4 EL Rapsöl • 3 Zwiebeln • 1 Bund Suppengrün • 400 ml Wildfond (Fertigprodukt) • dunkler Soßenbinder • 200 g Schmand • 1 kg Rotkohl • 1 EL brauner Zucker • 7 EL Apfelessig • 6 EL Portwein • 2 rote Zwiebeln • 2 EL Schweineschmalz • 2 Äpfel • 1/2 l Apfelwein • 2 Lorbeerblätter • Zimt • Nelkenpulver • 4 EL Apfelgelee

Das Fleisch in vier Keulen zerteilen und entsehnen. Die Wacholderbeeren zerdrücken und mit dem Gin mischen. Die Keulen damit einreiben und 30 Minuten kühl stellen. Den Apfelwein mit Lorbeerblättern, Pfefferkörnern, Nelke, Tannenzweig oder Thymian mischen und über das Fleisch gießen. 2 Stunden durchziehen lassen.

Das Fleisch aus der Marinade nehmen und mit Salz und Pfeffer bestreuen. Das Öl erhitzen und die Keulen darin sanft anbraten. Die Hälfte der Marinade mit den Gewürzen angießen. Zwiebeln abziehen, Suppengrün putzen, beides grob würfeln. Mit dem Wildfond zum Fleisch geben und bei milder Hitze 1,5 Stunden garen. Bei Bedarf noch etwas Marinade dazugießen. Das Fleisch herausnehmen, die Soße durch ein Sieb streichen. Mit Soßenbinder leicht andicken und mit dem Schmand verrühren. Die Soße noch einmal mit Salz und Pfeffer abschmecken. Die Keulen wieder in dic Soßc legen.

Die äußeren Blätter und den Strunk vom Kohl entfcrncn. Den Kohl in sehr dünne Streifen hobeln. Mit Zucker, 5 Esslöffeln Apfelessig und Portwein kräftig kneten. Zwiebeln abziehen und in feine Streifen schneiden. Im Schweineschmalz anschwitzen. Kohl, grob gewürfelte Äpfel, Apfelwein, Lorbeerblätter, etwas Zimt und Nelkenpulver hinzufügen und 35 Minuten garen. Die Flüssigkeit sollte fast vollständig verdampft sein. Das Gemüse noch einmal mit Salz, Pfeffer, Zimt, Nelkenpulver, Apfelgelee und Essig abschmecken.

Der Apfel ist eine der ältesten Kulturpflanzen der Welt. So ist es nicht verwunderlich, dass der Apfel seit jeher eine starke Symbolkraft besitzt. Im Mittelalter sehen wir auf Gemälden häufig den Apfel als Frucht des Baums der Erkenntnis dargestellt. Der Reichsapfel ist das Zeichen für Macht. Wir kennen auch das Märchen von der bösen Stiefmutter, die Schneewittchen dazu verführte, in den Apfel zu beißen, der vergiftet war. Von Martin Luther, der leiblichen Genüssen nicht abgeneigt war, stammt der Ausspruch, dass er noch heute ein Apfelbäumchen pflanzen wolle, falls die Welt morgen unterginge.

Hähnchenkeulen aus dem Ofen

Für 4 Portionen

4 große Hähnchenkeulen • 75 g weiche Butter • 10 Walnusskerne • 2 Knoblauchzehen • 2 EL Apfelschnaps • 4 EL gehackte Petersilie • Salz • Pfeffer aus der Mühle • Butterschmalz zum Braten • 4 Lorbeerblätter • 4 Stängel Thymian • 200 g Dörrfleisch • 250 g Möhren • 250 g Perlzwiebeln • 250 g braune Champignons • 1/4 l Apfelwein • 200 g süße Sahne

Die Haut der Keulen vorsichtig anheben. Die weiche Butter schaumig rühren. Die Walnüsse in einer Pfanne leicht rösten, mahlen und mit der Butter mischen. Knoblauch abziehen und durch die Presse dazudrücken. Mit Apfelschnaps und Petersilie mischen und diese Creme unter die Haut streichen. Die Keulen mit Salz und Pfeffer einreiben und in heißem Butterschmalz in einer ofenfesten Pfanne rundherum goldgelb anbraten. Lorbeerblätter und Thymian hinzufügen.

Das Dörrfleisch in schmale Streifen schneiden. Die Möhren schälen und in große Stücke schneiden. Die Perlzwiebeln abziehen. Die Champignons bei Bedarf kalt abbrausen, putzen und vierteln. Das Fleisch mit dem Wein ablöschen, das Gemüse und das Dörrfleisch hinzufügen. Im vorgeheizten Backofen bei 200 Grad etwa 30 Minuten garen. Dann mit der Sahne übergießen, noch einmal 5 Minuten garen. Die Soße mit Salz und Pfeffer abschmecken.

In der Schöpfungsgeschichte schuf Gott am fünften Tag die Gefiederten und erst am sechsten Tag den Menschen. Mit einer Hand voll Körner gewöhnte er vor tausenden von Jahren die wilden Vögel an seine Umgebung. Das Federvieh war leicht aufzuziehen, pickte, was es in der Umgebung fand und war in wenigen Wochen schlachtreif. Die Federn wärmten in Jacken und Betten bei Nacht und an kalten Tagen. Hätte je ein Verliebter seiner Angebeteten einen Liebesbrief schreiben können, wenn es keine Gänsekiele gegeben hätte? Der Kugelschreiber ist ja ein Kind unserer modernen Zeit.

Hähnchenbrust mit Apfelweinschaum

Für 4 Portionen

800 g Hähnchenbrustfilet • Salz • Pfeffer aus der Mühle • etwas Mehl • 1 Ei • 1 EL Apfelwein • 4 EL Paniermehl • 4 EL heller Sesam • Butterschmalz zum Braten • 3 Eigelb • 1 Ei • 1/2 TL Speisestärke • 1/4 l Apfelwein • 1 Knoblauchzehe • 1 TL rosa Pfefferkörner • Honig

Das Fleisch entsehnen und in 4 Filets teilen. Mit Salz, Pfeffer und Mehl einreiben. Das Ei mit dem Apfelwein und etwas Salz und Pfeffer in einem tiefen Teller verrühren. Das Paniermehl mit dem Sesam auf einem anderen Teller mischen. Reichlich Butterschmalz in einer großen Pfanne erhitzen. Das Fleisch durchs Ei ziehen und in das Paniermehl drücken. Nach Belieben diesen Vorgang noch einmal wiederholen. Das Fleisch im heißen Butterschmalz beidseitig in 5 bis 8 Minuten goldgelb braten.

Für die Soße die Eigelbe mit Ei, Speisestärke und Apfelwein über dem Wasserbad im Schneekessel schaumig aufschlagen. Die Knoblauchzehe abziehen und durch die Presse zur Weinschaumsoße drücken. Die Pfefferkörner im Mörser zerreiben. Die Soße mit den zerdrückten Pfefferkörnern, Salz, Pfeffer und etwas Honig pikant abschmecken.

Hühner und anderes Federvieh haben Dichter zu allen Zeiten zu vergnüglichen Versen und Geschichten angeregt. Den berühmten Bubenstreich mit Max und Moritz verdanken wir Wilhelm Busch: Max und Moritz rochen dieses/schnell aufs Dach gekrochen hieß es/durch den Schornstein mit Vergnügen/sehen sie die Hühner liegen/die schon ohne Kopf und Gurgeln/lieblich in der Pfanne schmurgeln/Schnuppdiwupp! Da wird nach oben/schon ein Huhn heraufgehoben. Und so endet die Geschichte: Max und Moritz im Verstecke/schnarchen aber an der Hecke/und vom ganzen Hühnerschmaus/guckt nur noch ein Bein heraus.

Gefülltes Perlhuhn

Für 4 Portionen

2 Perlhühner • 2 Zwiebeln • 2 Knoblauchzehen • 150 g getrocknete Pflaumen ohne Stein • 150 g getrocknete Aprikosen • 100 g Rosinen • 1 Apfel • 40 g Mandelstifte • 1 EL Butterschmalz • 1 TL schwarze Pfefferkörner • 1 TL Zimt • 1 Döschen Safranpulver • Salz • Pfeffer aus der Mühle • 1/2 l Apfelwein • 2 Rosmarinstiele • 2 Lorbeerblätter • 1 Bio-Orange • 1 EL Honig • 1 EL scharfer Senf • 50 g kalte Butter • Holzspießchen

Die Perlhühner innen und außen waschen und trockentupfen. Zwiebeln und Knoblauch abziehen und klein schneiden. Pflaumen und Aprikosen vierteln. Rosinen heiß abbrausen und abtropfen lassen. Den Apfel vierteln, entkernen, schälen und würfeln. Mandelstifte in einer fettfreien Pfanne leicht rösten.

Butterschmalz in einer Pfanne erhitzen, Zwiebeln und Knoblauch darin anschwitzen. Alle Früchte und Mandelstifte hinzufügen und abkühlen lassen. Die Pfefferkörner im Mörser zerreiben. Mit Zimt mischen und über die Füllung geben. Das Safranpulver in 1 Esslöffel heißem Wasser auflösen, mit der Füllung vermengen.

Die Perlhühner innen und außen mit Salz und Pfeffer würzen, füllen und die Öffnungen mit Holzspießchen verschließen. Den Apfelwein erhitzen und in die Saftpfanne gießen. Rosmarin und Lorbeerblätter dazugeben. Die gefüllten Perlhühner hineinsetzen und im vorgeheizten Backofen bei 200 Grad 45 bis 50 Minuten braten.

Die Orange heiß waschen, trockenreiben und die Schale abraspeln. Die Frucht auspressen und mit dem Honig mischen. Die Perlhühner zweimal wenden und öfter mit dem Orangensaft bestreichen. Die Hühner herausnehmen, den Bratensatz mit etwas Wein oder Wasser lösen, in einen kleinen Topf gießen, mit Orangenschale, Senf, Butter, Salz und Pfeffer mischen und abschmecken.

Die Pute, die Gute, ist in aller Munde. Früher kam eine gebratene Pute nur an Festtagen auf den Tisch. Nicht zuletzt auch wegen der zahlreichen Fleischskandale der vergangenen Jahre hat Geflügelfleisch enorm an Bedeutung gewonnen. Puten, auch Puter, Truthahn oder Truthenne oder Indians genannt, stammen aus Nordamerika. Bereits die Indianer hatten wilde Truthähne und Truthühner gezähmt. Die schweren Tiere kommen nicht nur als ganzes, sondern auch als Rollbraten, Schnitzel, Ober- und Unterkeule auf den Markt. Putenfleisch ist reich an Eiweiß und arm an Fett. Kaufen Sie nur Fleisch von Tieren, die artgerecht gehalten wurden.

Putenragout mit Kräuterreis

Für 4 Portionen

250 g Schalotten • 2 Knoblauchzehen • 500 g Putenbrust am Stück • 2 EL Butter • 1/2 l Apfelwein • 200 g braune Champignons • 500 g grüner Spargel • Salz • Pfeffer aus der Mühle • 200 g süße Sahne • Zucker • Zitronensaft • Muskat • 200 g Langkornreis • 1 l Gemüsebrühe • 100 g Dörrfleisch • 1 TL Rapsöl • 2 Tomaten • 50 g Butter • 1 Tasse gemischte gehackte Kräuter

Die Schalotten und den Knoblauch abziehen und klein schneiden. Das Fleisch in mundgerechte Würfel schneiden. Die Butter in einem Bräter erhitzen und zuerst das Fleisch darin rundherum anbraten. Schalotten und Knoblauch hinzufügen und kurz mitrösten. Mit Apfelwein ablöschen und offen 5 Minuten garen.

Die Champignons bei Bedarf kurz kalt abbrausen, putzen und vierteln. Von dem Spargel das untere Drittel schälen. Spargelstangen in mundgerechte Stücke schneiden. Champignons und Spargel zum Fleisch geben und 5 Minuten mitgaren. Mit Salz und Pfeffer würzen. Den Bratenfond durch ein Sieb in einen sauberen Topf gießen und mit der Sahne um knapp die Hälfte einkochen. Mit Salz, Pfeffer, etwas Zucker, ein wenig Zitronensaft und etwas frisch geriebener Muskatnuss abschmecken. Fleisch und Gemüse in der Soße fertig garen.

Den Reis unter fließendem Wasser waschen und in einem Topf mit der Gemüsebrühe bedecken, sodass sie fingerbreit über dem Reis steht, evtl. noch etwas Salzwasser hinzufügen. Den Reis nach Packungsaufschrift garen und abgießen. Inzwischen das Dörrfleisch sehr klein würfeln und in dem heißen Öl knusprig braten. Auf Küchenpapier entfetten.

Die Tomaten kurz in kochendes Wasser tauchen, häuten, entkernen und klein würfeln. Die Butter leicht bräunen, mit Dörrfleisch, Tomaten, Reis und den Kräutern mischen. Den heißen Reis in eine kleine Ringform oder in Tassen drücken und auf eine Platte oder auf Teller stürzen und das Putenragout dazugeben.

Sie tragen so anmutige Namen wie Agria, Colette, Linda, Leyla, Marabel, Sieglinde, Quarta und Rosella. Und sie gedeihen wie zahlreiche andere Sorten im Odenwald. Und weil die Odenwälder ihre Kartoffel so lieben und verehren, finden jedes Jahr Ende September bis Anfang Oktober im Odenwaldkreis die Kartoffelwochen statt. Neben zahlreichen Veranstaltungen werden die Besucher in den Gasthäusern mit den feinsten Kartoffelgerichten verwöhnt. Eine sehr alte Sorte ist die lilafarbene Kartoffel, die schon früher im Odenwald angebaut wurde. Heute kommt sie meistens aus Frankreich. Ihr Geschmack ist mild, aber durch ihre leuchtend lila Farbe kommt es auf dem Teller zusammen mit grünem Brokkoligemüse und orangerotem Lachsfilet zu einem köstlichen Farbspiel. Auf einer Halloweenparty Ende Oktober dürfen lila Kartoffeln eigentlich nie fehlen.

Marinierte Entenbrust mit lila Kartoffelsalat

Für 4 Portionen

1 kg lila Kartoffeln • 1/2 l Geflügelfond oder -brühe • 2 rote Zwiebeln • 1 kleiner rotschaliger Apfel • 1 rote Chilischote • 8 EL Walnussöl • 4 EL Apfelessig • 1 TL Honig • Salz • Pfeffer aus der Mühle • 1/2 Tasse Rucolablätter • 1 Bund Frühlingszwiebeln • 1 Stange Sellerie • 1 Möhre • 1/2 l Apfelwein • 1/8 l Apfelessig • 1 EL Apfelschalentee • 600 g Entenbrust • Butterschmalz zum Braten • dunkler Soßenbinder • Zucker

Die Kartoffeln in wenig Wasser 25 Minuten kochen, abgießen, pellen und in dünne Scheiben schneiden. Den Fond oder die Brühe erhitzen und sofort über die heißen Kartoffelscheiben gießen. Die Kartoffeln mindestens 2 Stunden durchziehen lassen. Die Zwiebeln abziehen und in feine Streifen schneiden. Den Apfel vierteln, entkernen und in dünne Spalten schneiden. Die Chilischote entkernen und in kleinste Würfel schneiden.

Das Öl mit Essig, Honig, Salz und Pfeffer sowie etwas Brühe cremig rühren. Die Kartoffeln abgießen, mit Zwiebeln, Apfel und Chili mischen und das Dressing darüber gießen. Den Salat 30 Minuten durchziehen lassen. Dann mit den Rucolablättern mischen. Frühlingszwiebeln, Sellerie und Möhre putzen und grob würfeln. Apfelwein, Apfelessig, Tee und das zerkleinerte Gemüse erhitzen und abkühlen lassen.

Die Haut der Entenbrüste kreuzweise einschneiden und mit dem gewürzten Apfelwein begießen. 2 Stunden durchziehen lassen. Das Fleisch aus der Marinade nehmen, trockentupfen und mit Salz und Pfeffer einreiben. In heißem Butterschmalz zuerst auf der Hautseite 5 Minuten braten, wenden und weitere 3 Minuten braten. Im vorgeheizten Backofen bei 200 Grad mit der Hautseite nach oben 10 bis 15 Minuten braten. Die Marinade durch ein Sieb in einen Topf gießen, um die Hälfte einkochen, mit Soßenbinder leicht andicken und mit Salz, Pfeffer und etwas Zucker abschmecken.

Am Martinstag im November geht es den Gänsen an den Kragen. Der heilige Martin gehört zu den zahlreichen Schutzpatronen der katholischen Kirche. Er soll Kinder beschützen, ebenso Gastwirte, Kriegsdienstverweigerer und Haustiere. Martin teilte einst seinen Mantel mit einem Bettler; als man den frommen Mann später zum Bischof von Tours in Frankreich machen wollte, versteckte er sich im Gänsestall. Die Tiere schnatterten allerdings wegen des ungebetenen Besuchs so laut, dass Martin entdeckt und zum Bischof gemacht wurde. Dies ist ein Grund, warum am Martinstag, dem 11. November, tausende von Gänsen ihr Leben in einer Bratröhre beenden.

Gänsekeulen mit Äpfeln auf Grünkohl

Für 4 Portionen
4 Gänsekeulen • Salz • Pfeffer aus der Mühle • 125 g zimmerwarmes Gänseschmalz • 150 g getrocknete Äpfel • 1/4 l Apfelwein • 3 EL Apfelschnaps • 1 große Staude Grünkohl • 2 Zwiebeln • 2 EL Haferflocken • 1/2 l Fleischbrühe • 3 EL scharfer Senf • 3 EL Honig • Muskatnuss

Die Gänsekeulen waschen, trockentupfen. Mit Salz und Pfeffer einreiben und mit etwas Gänseschmalz bestreichen. Die Keulen im vorgeheizten Backofen bei 200 Grad auf einem Backblech insgesamt 60 bis 75 Minuten garen. Zwischendurch öfter wenden und mit kaltem Salzwasser bestreichen.

Die getrockneten Äpfel mit dem Apfelwein begießen und einmal aufkochen lassen. Den Apfelschnaps darüber gießen. Den Grünkohl von den harten Strünken streifen und die Blätter gründlich waschen. Einen großen Topf mit Wasser zum Kochen bringen und den Kohl darin einmal aufkochen lassen. Den Kohl abgießen und portionsweise mittelfein hacken.

Die Zwiebeln abziehen und würfeln. Das restliche Gänseschmalz in einem großen Topf erhitzen und die Zwiebeln darin anschwitzen. Den gehackten Kohl, Haferflocken und Fleischbrühe dazugeben. Den Kohl bei mittlerer Temperatur 30 bis 40 Minuten garen. Es sollte fast die gesamte Flüssigkeit verdampft sein. Den Kohl mit Salz, Pfeffer, Senf, Honig und frisch geriebener Muskatnuss abschmecken.

Die gebratenen Keulen auf dem Grünkohl anrichten, die abgetropften Äpfel dazusetzen und mit etwas Bratfond beträufeln.

Aus Fluss, See & Meer: Leckerer Fisch

Ein Getränk mit vielen Namen: Der Apfelwein inspirierte Dichter, Denker, Trinker und Händler zu so wohlklingenden Bezeichnungen wie Äppler, Ebbelwei, Ebbelwoi, Eppelwoi, Aeppelwoi, Apfelwoi, Aebbelwei, Äbbelwein, auch das Wort Ebbler wurde schon gesichtet. Allerdings, der richtige Apfelweintrinker petzt, schlabbert, robbt oder baaft sein Stöffche, das am besten aus dem grau-blauen Bembel ins gerippte Glas geschenkt wird. Durch Ernst Niebergall kennen wir die Brühe, denn sein Datterich stellt fest: „Die Brieh hat so e aahgenehm Essigseire…"

Apfel-Zwiebel-Matjes mit Bratkartoffeln

Für 4 Portionen

2 rote Zwiebeln • 1 Apfel • 1/4 l Apfelwein • 1/4 l Apfelessig • 3 EL Zucker • 1 EL Wacholderbeeren • 1 EL Senfkörner • 1 TL Pfefferkörner • 1 TL Pimentkörner • 4 Lorbeerblätter • 3 Gewürznelken • 10 Matjesfilets • 1 kg fest kochende, gekochte Pellkartoffeln vom Vortag • Butterschmalz zum Braten • 1 Bund Frühlingszwiebeln • Salz • Pfeffer aus der Mühle

Die Zwiebeln abziehen und in feine Ringe oder Halbringe schneiden. Den Apfel vierteln, entkernen und in hauchdünne Spalten hobeln. Den Apfelwein mit Essig, Zwiebeln, Apfelspalten, Zucker, zerdrückten Wacholderbeeren, Senfkörnern, Pfefferkörnern, Pimentkörnern, Lorbeerblättern und Nelken mischen. Den Aufguss 5 Minuten köcheln, dann abkühlen lassen.

Die Matjesfilets am besten nebeneinander in eine Form legen und mit dem gewürzten Apfelwein begießen. Zugedeckt 24 Stunden kalt stellen. Die Kartoffeln pellen und in feine Scheiben hobeln. Butterschmalz in einer schweren Pfanne erhitzen und die Kartoffeln darin goldgelb braten. Die Frühlingszwiebeln putzen, klein schneiden und zum Schluss kurz mit den Kartoffeln braten. Mit Salz und Pfeffer würzen.

1920
13

Essigbakterien sind überall auf der Erde. Deshalb ist es nicht verwunderlich, dass die Menschen schon früh Bekanntschaft mit einer sauren Flüssigkeit machten, die aus Fruchtsaft entstand. Vielleicht hatte eine unachtsame Hausfrau einen Krug mit Beerensaft in der Ecke ihres Hauses vergessen. Als sie den gegorenen Saft probierte, fand sie den Geschmack angenehm. Viele Jahrhunderte vor unserer Zeitenwende kannten die Menschen schon im alten China den würzigen Essig. Von den Griechen ist bekannt, dass sie Essig bei Erkrankungen der Atemwege anwendeten. Essig wurde auch bei den Ägyptern, Babyloniern, Römern und Persern gebraut. Den römischen Legionären füllte man die Feldflaschen mit einer Mischung aus Wasser und Essig, dies erfrischte und stärkte die Abwehr. Auch Hildegard von Bingen, die weise Benediktinerin, erkannte schon vor rund 900 Jahren die verdauungsfördernde Wirkung des Essigs.

Lachskoteletts mit Kerbelsoße und Frühkartoffeln

Für 4 Portionen

1 kg Frühkartoffeln • 1 Eiweiß • grobes Meersalz • 4 Lachskoteletts • Salz • Pfeffer aus der Mühle • etwas Mehl • Butterschmalz zum Braten • 1 Knoblauchzehe • 1 Rosmarinzweig • 5 EL Apfelessig • 100 g Schalotten • 1 säuerlicher Apfel • 1 EL Honig • 2 Lorbeerblätter • 4 EL Orangensaft • 6 EL Apfelwein • 2 Tassen Kerbel • 150 g süße Sahne

Die Kartoffeln waschen und trockenreiben. Das Eiweiß anschlagen und die Kartoffeln damit bestreichen und in grobem Meersalz wälzen. Jede Kartoffel in Alufolie wickeln und im vorgeheizten Backofen bei 200 Grad auf einem Backblech 35 bis 45 Minuten garen.

Die Lachskoteletts unter kaltem Wasser abspülen, trockentupfen und mit Salz, Pfeffer und Mehl bestreuen. Reichlich Butterschmalz in einer Pfanne erhitzen, die geschälte Knoblauchzehe und den Rosmarinzweig dazugeben. Die Koteletts darin beidseitig insgesamt 8 bis 10 Minuten bei milder Hitze braten.

Für die Soße den Apfelessig zum Kochen bringen. Die Schalotten abziehen und fein würfeln. Zum Essig geben. Den Apfel vierteln, schälen, entkernen und ebenfalls fein würfeln. Honig, Lorbeerblätter, Orangensaft und Apfelwein dazugeben und offen 5 Minuten kochen lassen. Die Soße mit Salz und Pfeffer abschmecken. Lorbeerblätter entfernen. Den Kerbel hinzufügen und alles mit dem Mixstab pürieren. Die Sahne steif schlagen und unter die heiße, aber nicht mehr kochende Soße heben.

Fisch ist so gesund, dass wir ihn wöchentlich mindestens zweimal verzehren sollten. Fisch ist leicht verdaulich, besitzt hochwertiges Eiweiß und Seefisch ist eine hervorragende Jodquelle. Trotz unseres Wohlstandes leiden bei uns zahlreiche Menschen an Jodmangel und müssen Medikamente schlucken. Den höchsten Jodanteil besitzt Schellfisch, den geringsten der Hering. Auch beim Fettgehalt gibt es große Unterschiede. Zu den fettreichen Fischen gehören Aal, Makrele, Hering und Lachs. Dieses Fett gilt jedoch als gesund, weil es ungesättigte Fettsäuren enthält, die unser Körper braucht, aber nicht selber herstellen kann. Fettarm dagegen sind Seelachs, Rotbarsch, Scholle, Garnele, Kabeljau und Schellfisch. Was spricht dagegen, öfter frischen Fisch aufzutischen?

Lachsfilet im Schlafrock und grüner Spargel

Für 4 Portionen

4 Scheiben tiefgefrorener Blätterteig • 4 Scheiben Lachsfilet à 180 g • Zitronensaft • Salz • Zitronenpfeffer • 1 Eigelb • 1 kg grüner Spargel • Pfeffer aus der Mühle • 100 g Butter • 1 Scheibe Zitrone • 4 Stängel Petersilie • 1 TL Zucker • 1 Bio-Orange • 1 Bund Schnittlauch

Den Blätterteig 10 Minuten antauen lassen. Den Fisch kurz unter kaltem Wasser abspülen und trockentupfen. Die Fischfilets mit Zitronensaft, Salz und Zitronenpfeffer einreiben. Das Eigelb mit einigen Tropfen Wasser verrühren. Vom Spargel den unteren Teil schälen.

In einem länglichen Topf 1/2 Liter Wasser mit Salz, Pfeffer, 1 Esslöffel Butter, der Zitronenscheibe, den Petersilienstängeln und dem Zucker zum Kochen bringen. Die Spargelstangen darin 8 Minuten garen. Ein Backblech mit kaltem Wasser abspülen. Die Blätterteigplatten zwischen Frischhaltefolie so groß ausrollen, dass die Fischfilets darin eingewickelt werden können. Die Lachsfilets sorgfältig in dem Blätterteig einschließen und mit der Naht nach unten aufs Backblech setzen. Die Teigoberfläche mit etwas Eigelb bestreichen und mit einer Gabel mehrmals einstechen.

Die Lachsfilets im vorgeheizten Backofen bei 200 Grad 15 bis 20 Minuten backen. Den Spargel abgießen und abtropfen lassen. Die restliche Butter hell bräunen und über den Spargel gießen. Die Orange heiß waschen, trockenreiben und die Frucht in 4 Scheiben schneiden. Den Schnittlauch waschen, trockentupfen und in Röllchen schneiden. Die Orangenscheiben über den Spargel legen und mit Schnittlauchröllchen bestreuen.

Apfelwein ist gesund! Schon im 19. Jahrhundert wussten die Menschen, dass das Stöffche gegen allerlei menschliche Gebrechen hilft. Sogar Kindern wurde er löffelweise verordnet, um ihre zarten Körper von Schmerzen zu befreien. Apfelwein ist kalorienarm, alkoholarm und regt die Verdauung an. Bei Schoppenpetzern wurde sogar eine höhere Gehirnleistung festgestellt.

Zander mit Apfelschuppen und Apfelschaumweinsoße

Für 4 Portionen

4 Zanderfilets à 180 g • Salz • Pfeffer aus der Mühle • 1 Eigelb • 2 Äpfel • Butterschmalz zum Braten • 100 g Schalotten • 1 Knoblauchzehe • 100 g weiße Champignons • 40 g Butter • 1 TL Mehl • 200 ml Fischbrühe oder -fond • 1/4 l Apfelschaumwein • 1 EL Apfelessig • 150 g Crème double • etwas Honig • 10 frische Estragonblätter in Streifen

Die Filets unter kaltem Wasser abspülen, trockentupfen und mit Salz und Pfeffer einreiben. Das Eigelb verrühren. Das Kerngehäuse der Äpfel mit einem Ausstecher rund ausstechen. Die Äpfel in gut 1 Millimeter dicke Scheiben hobeln. Die Ringe so in kleine Stücke schneiden, dass sie Schuppen ähneln. Eine Fischoberfläche mit Eigelb bestreichen und die Apfelstückchen schuppenförmig darauf drücken, wobei auch die Apfelschuppen mit ein wenig Eigelb bestrichen werden.

Butterschmalz in einer ofenfesten Pfanne erhitzen und die Oberfläche der Apfelschuppen damit betupfen. Die Fischfilets mit der unbelegten Seite in dem heißen Butterschmalz 2 Minuten anbraten. Die Pfanne für 5 bis 8 Minuten bei 190 Grad in den vorgeheizten Backofen stellen.

Schalotten und Knoblauch abziehen und fein würfeln. Die Pilze bei Bedarf kurz unter kaltem Wasser abbrausen, trockentupfen und putzen, Pilzköpfe klein schneiden. Die Butter schmelzen, Schalotten, Knoblauch und Pilze darin weich schmoren. Das Mehl einrühren, kurz mitrösten. Mit Fischbrühe oder -fond und zwei Drittel des Apfelschaumweins ablöschen.

Essig und Crème double zur Soße geben und die Soße leicht cremig einkochen. Pürieren und durch ein Sieb gießen. Mit Salz, Pfeffer und etwas Honig abschmecken. Den restlichen Schaumwein dazugießen und mit dem Mixstab schaumig aufschlagen. Mit Estragonblättern mischen.

Fischfrikadellen auf Gurkengemüse

Für 4 Portionen

6 Scheiben Toastbrot • 1 Zwiebel • 3 EL Butter • 500 g Lachs- oder Seelachsfilet • 1 Ei • 1 EL scharfer Senf • Salz • Pfeffer aus der Mühle • 50 g Kräuterfrischkäse • 4 EL gehackte Petersilie • etwas Mehl • 6 EL Paniermehl • Butterschmalz zum Braten • 2 Salatgurken • 200 g Schmand • 4 EL gehackter Dill • Zucker

Das Toastbrot entrinden, in Wasser einweichen, dann gut ausdrücken und in eine Schüssel zupfen. Die Zwiebel abziehen und fein würfeln. In der heißen Butter weich schmoren und mit der flüssigen Butter zum Brot geben. Fisch abspülen, trockentupfen und fein hacken oder durch die grobe Scheibe des Fleischwolfs drehen.

Zerkleinerten Fisch mit der Brotmasse, Ei und Senf mischen, mit Salz, Pfeffer, Frischkäse und Petersilie zu einer formbaren Masse verrühren. Bei Bedarf noch etwas Mehl hinzufügen. Vier Frikadellen formen, in dem Paniermehl wälzen und 30 Minuten kühl stellen. Die Frikadellen in heißem Butterschmalz bei mittlerer Hitze 8 bis 10 Minuten braten. Gurken schälen, entkernen und klein schneiden. In wenig Salzwasser 8 bis 10 Minuten garen. Schmand, Dill, Salz, Pfeffer und Zucker dazugeben.

Die Lachs- oder Meerforelle ist ein lachsähnlicher Wanderfisch, der zum Laichen die Flüsse hinaufschwimmt. Die Jungtiere verbleiben dann fünf Jahre im Süßwasser, bevor sie wieder ins Meer wandern. Auch hier leben sie fünf Jahre, um dann wieder zum Laichen die Flüsse hinaufzuziehen. Die in Aquakultur gehaltenen Lachsforellen werden mit dem gleichen Futter aufgezogen wie die echten Lachse, wodurch sie ihre appetitliche, lachsähnliche Farbe bekommen. Die Forellen werden auch geräuchert, sie schmecken jedoch etwas milder als Lachs.

Lachsforelle in Folie

Für 4 Portionen

1 Lachsforelle à 1,8 kg • 5 EL flüssige Butter • Salz • Pfeffer aus der Mühle • 1 Bund Petersilie • 1 Bio-Zitrone • 4 Knoblauchzehen • 1 Bund Frühlingszwiebeln • 2 dicke Möhren • 1 Zucchini • 3 Stangen Sellerie • 2 Lorbeerblätter • 1/8 l Apfelwein

Die Lachsforelle innen und außen waschen und trockentupfen. Den Fisch innen und außen mit etwas Butter bestreichen und mit Salz und Pfeffer bestreuen. Petersilie und Zitrone waschen und trocknen. Petersilienblätter grob hacken. Zitronenschale mit einem Zestenreißer in Streifen abziehen. Knoblauch schälen und fein hacken. Knoblauch mit Zitronenschale und Petersilie mischen und in den Fischbauch füllen.

Frühlingszwiebeln putzen, dunkelgrünen Teil wegschneiden. Zwiebeln je nach Größe längs halbieren oder vierteln. Möhren schälen, Zucchini putzen, Selleriestangen abfädeln. Das Gemüse in dünne Streifen schneiden. Die Gemüsestreifen auf einen Bogen feste Alufolie legen, mit Salz und Pfeffer bestreuen. Lorbeerblätter dazugeben. Die Forelle aufs Gemüsebett setzen und mit Apfelwein begießen. Die Folie gut verschließen. Die Lachsforelle im vorgeheizten Backofen bei 200 Grad 35 bis 45 Minuten garen.

Das hessische Nationalgetränk ist ein herbes Stöffche. Der Cidre aus Frankreich ist, auch mit dem Zusatz „trocken“, lieblicher als hessischer Apfelwein. Warum? Die Franzosen ernten die Früchte und lassen sie bis zu drei Wochen liegen. Hessische Äpfel werden sofort verarbeitet. Während der Lagerung verlieren die Äpfel Flüssigkeit, der Zuckergehalt steigt. Erst dann wird in Frankreich gekeltert. Hessischer Apfelwein ruht bis zum neuen Jahr auf der Hefe, während die Franzosen bereits den Saft von der Hefe nehmen und mehrmals in frische Fässer umfüllen. Durch diese Unterbrechung der Gärung schmeckt Cidre, der auch in Hessen gekeltert wird, spritziger und süßer.

Gebackenes Karpfenfilet auf Lauch

Für 4 Portionen

100 g Mehl • 50 g Speisestärke • 1 Ei • Kräutersalz • 150 ml Apfelwein • 2 Eiswürfel • 4 Karpfenfilets • Salz • Pfeffer aus der Mühle • Butterschmalz zum Ausbacken • etwas Mehl • 1 kg Lauch • 4 EL Butter • Muskatnuss • 2 EL Schmand

Mehl mit Speisestärke, Ei und Kräutersalz mischen. Apfelwein und Eiswürfel hinzufügen und zu einem glatten Teig verrühren. Den Teig 30 Minuten bei Zimmertemperatur ausquellen lassen. Die Fischfilets kurz unter kaltem Wasser abbrausen, trockentupfen und mit Salz und Pfeffer einreiben.

Reichlich Butterschmalz in einer tiefen Pfanne erhitzen. Die Fischfilets mit etwas Mehl bestäuben, durch den Ausbackteig ziehen und in dem heißen Butterschmalz goldgelb ausbacken. Auf Küchenpapier entfetten. Den Lauch putzen. Nur den hellen Teil in 1 Zentimeter breite Ringe schneiden und in wenig Salzwasser bissfest garen. Das Wasser abgießen und das Gemüse mit Butter, Salz, Pfeffer und frisch geriebener Muskatnuss und etwas Schmand verfeinern. Die Karpfenfilets auf dem Gemüse anrichten.

Jakobsmuscheln auf süßsauren Möhren

Für 4 Portionen

4 EL Pinienkerne • 500 g Möhren • 2 EL Puderzucker • Salz • Pfeffer aus der Mühle • 1/2 Zimtstange • 1 EL Apfelessig • 1/2 Tasse Gemüsebrühe • 3 EL Butter • Kreuzkümmelpulver • Cayennepfeffer • 2 Knoblauchzehen • 16 Jakobsmuscheln ohne Corail • 2 EL Olivenöl • 4 EL Apfelwein • 2 EL Orangensaft • grobes Meersalz • 1 TL geschrotete schwarze Pfefferkörner • 10 Basilikumblätter in Streifen

Die Pinienkerne in einer fettfreien Pfanne rösten. Die Möhren schälen und in streichholzgroße Stifte schneiden. Den Puderzucker in einem Topf zu einem hellen Karamell schmelzen lassen. Möhren darin kurz anschwitzen. Salz, Pfeffer, Zimtstange, Apfelessig und Gemüsebrühe dazugeben und in 8 bis 10 Minuten bissfest garen, bis die Flüssigkeit verdampft ist. Mit gerösteten Pinienkernen, Butter, etwas Kreuzkümmel und ein wenig Cayennepfeffer verfeinern.

Knoblauchzehen abziehen. Jakobsmuscheln waschen und trockentupfen. Olivenöl in einer Pfanne erhitzen und die Muscheln darin mit dem Knoblauch auf jeder Seite 40 bis 50 Sekunden anbraten. Herausnehmen und warm stellen. Apfelwein und Orangensaft in die Pfanne gießen. Einmal kräftig aufkochen lassen. Jakobsmuscheln hinzufügen und mit Salz und geschrotetem Pfeffer bestreuen. Die Muscheln auf dem Möhrengemüse anrichten, mit etwas Soße beträufeln und mit Basilikumstreifen bestreuen.

Reis gedeiht nicht in Deutschland. Die Heimat der kleinen stärkehaltigen Körner ist Asien, wo seit über 7000 Jahren Reis angebaut wird. Die Araber brachten um 1000 n. Chr. Reispflanzen nach Spanien, seit dem 14. Jahrhundert wächst er in Italien und seit Beginn des 20. Jahrhunderts in Kalifornien. Die schnelle Zubereitung, der neutrale Geschmack und die lange Lagerfähigkeit haben Reis auch bei uns zu einem beliebten Lebensmittel werden lassen. Naturreis ist bräunlich, geschliffener Reis gebrochen weiß bis weiß. Spezialitäten sind roter Reis aus der Camargue und Thailand, schwarzer Reis kommt ebenfalls aus Thailand und Wildreis ist eine Grasart aus Nordamerika. Für Risotto wählt man einen Rundkornreis, für Sushi einen speziellen Klebreis, Duft- und Basmatireis betören durch Geschmack und Duft, sie kommen aus Thailand und Indien. Patna-Reis, ein Langkornreis, ist weltweit am verbreitetsten.

Edelfischragout mit Apfel-Mandel-Reis

Für 4 Portionen

300 g Lachsfilet • 300 g Seeteufelfilet • 8 rohe Riesengarnelen ohne Kopf • 400 ml Fischfond oder -brühe • 4 Lorbeerblätter • 1 TL Pfefferkörner • 1 TL Pimentkörner • 200 g Schmand • 1 Bio-Zitrone • Salz • Pfeffer aus der Mühle • heller Soßenbinder • 4 EL Schnittlauchröllchen • 6 EL Mandelblättchen • 1 Bund Frühlingszwiebeln • 8 EL Butter • 200 g Basmatireis • 1/4 l Apfelwein • 1/2 l Geflügelbrühe • 1 TL Curry • 1 TL Honig • 1 Apfel • 4 EL gehackte Petersilie

Den Fisch kurz kalt abbrausen und trockentupfen. Anschließend in mundgerechte Stücke schneiden. Die Garnelen aus dem Panzer brechen, entdarmen und längs halbieren. Fischfond oder -brühe mit den Gewürzen und den Garnelenpanzern 5 Minuten sprudelnd kochen, dann durch ein Sieb gießen. Fisch und Garnelen in dem heißen Fond 3 Minuten ziehen lasen, dann herausnehmen und den Fond mit dem Schmand mischen. Die Zitrone heiß waschen, trockenreiben und etwas Schale abreiben. Die Frucht auspressen.

Den Fond mit Zitronenschale, etwas Zitronensaft, Salz und Pfeffer abschmecken und mit Soßenbinder leicht andicken. Fisch und Garnelen hinzufügen und mit Schnittlauch bestreuen. Die Mandelblättchen in einer fettfreien Pfanne rösten. Den hellen Teil der Frühlingszwiebeln klein schneiden. In der Hälfte der Butter weich schmoren. Den Reis einrühren und mit heißem Apfelwein, heißer Brühe, Salz, Pfeffer, Curry und Honig bissfest garen. Den Apfel vierteln, schälen, entkernen und würfeln. Kurz mit dem Reis garen. Die restliche Butter, Mandeln und Petersilie einrühren.

Die „Erste Frankfurter Apfelweinkelterei", die das Stöffche in alle Welt exportierte, wurde 1817 gegründet. Während des Ersten Weltkriegs sollten die Äpfel, so bestimmte es die Obrigkeit, frisch gegessen oder zu Obstkonserven verarbeitet werden. Auch die Nationalsozialisten erklärten den Apfelwein zum Feind der Volksgesundheit. Doch die Hessen kelterten und tranken weiterhin ihren Apfelwein.

Heilbutt mit Nuss-Petersilien-Kruste auf Fenchel

Für 4 Portionen

1 Knoblauchzehe • 125 g Butter • 40 g gemahlene Haselnüsse • 6 EL gehackte Petersilie • geriebene Zitronenschale • 4 EL Paniermehl • Muskatnuss • Salz • Pfeffer aus der Mühle • 800 g Heilbuttfilet oder 4 Heilbuttkoteletts • Kräutersalz • 500 g Fenchel • 1/4 l Apfelwein • 1 TL Fenchelsamen • 3 Tomaten

Knoblauch abziehen und durch die Presse drücken. Mit 75 Gramm Butter, Nüssen, Petersilie, etwas Zitronenschale, Paniermehl, etwas Muskatnuss, Salz und Pfeffer glatt rühren. Heilbuttfilet in gleichgroße Stücke schneiden, waschen und trockentupfen, mit Kräutersalz und Pfeffer einreiben.

Fenchel putzen, zartes Grün beiseite legen. Fenchel in dünne Streifen hobeln. Mit Apfelwein, Fenchelsamen, Salz und Pfeffer mischen und 10 Minuten garen. Die restliche Butter bräunen. Die Tomaten häuten, vierteln und entkernen. Die Tomatenfilets mit dem Fenchel in eine weite Auflaufform geben. Den Fisch auf den Fenchel legen und mit der Nuss-Petersilien-Masse bestreichen. Die gebräunte Butter über das Gemüse und den Fisch träufeln und im vorgeheizten Backofen bei 200 Grad 20 bis 25 Minuten garen. Mit Fenchelgrün bestreuen.

Panierte Schollenfilets mit Kartoffelgemüse

Für 4 Portionen

125 g Dörrfleisch • 1 EL Öl • 350 g Zwiebeln • 2 Knoblauchzehen • 1 Apfel • 1/8 l Apfelwein • 1 EL süßer Senf • 200 g Schmand • 1 kg gekochte Pellkartoffeln vom Vortag • Salz • Pfeffer aus der Mühle • 4 EL gehackter Dill • 600 g Schollenfilets • etwas Mehl • 1 Ei • 1 Eigelb • 20 g Apfelchips • 10 EL Paniermehl • Butterschmalz zum Braten • 4 Zitronenscheiben

Das Dörrfleisch ohne Schwarte in kleine Würfel schneiden. Das Öl erhitzen und das Dörrfleisch darin knusprig braten. Auf Küchenpapier entfetten. Zwiebeln und Knoblauch abziehen und fein würfeln. Den Apfel vierteln, schälen, entkernen und ebenfalls würfeln. Zwiebeln und Knoblauch mit dem Apfel in dem Speckfett kurz anschwitzen. Mit Apfelwein ablöschen und 3 Minuten offen köcheln lassen.

Den Senf mit dem Schmand verrühren. Die geschälten Kartoffeln in nicht zu dünne Scheiben schneiden und zur Zwiebel-Apfel-Masse geben. Die Kartoffeln so lange erhitzen, bis fast die gesamte Flüssigkeit verdampft ist. Schmand einrühren und das Kartoffelgemüse mit Salz, Pfeffer und Dill abschmecken. Das Dörrfleisch darüber streuen.

Die Schollenfilets kalt abspülen, trockentupfen und beidseitig mit Mehl bestäuben. Ei und Eigelb auf einem Teller mit etwas Salz und Pfeffer verrühren. Die Apfelchips zerdrücken und mit dem Paniermehl auf einem anderen Teller mischen. Reichlich Butterschmalz in einer Pfanne erhitzen. Die Schollenfilets durchs Ei ziehen und in das Paniermehl drücken. In dem heißen Butterschmalz auf beiden Seiten goldgelb braten. Auf Küchenpapier entfetten und mit halbierten Zitronenscheiben garnieren.

Der Wels, in Bayern Waller genannt, ist ein grätenloser Süßwasserfisch, der sich auch im Main herumtreibt. Er ist leicht an seinem breiten Kiefer zu erkennen, an dem oben zwei lange und unten vier kürzere Bartfäden wachsen. Er ist ein schlimmer Räuber, der nicht nur Fische, sondern auch Frösche, kleinere Wassertiere und Vögel fängt. Deshalb ist er auch bei Anglern nicht sehr beliebt. Welse lassen sich gut züchten. Ihr festes Fleisch schmeckt ausgezeichnet und lässt sich braten, kochen und grillen. Geräuchert ist er als Catfisch im Handel zu entdecken.

Wels im Wurzelsud mit Möhren-Paprika-Gemüse

Für 4 Portionen

1 Bund Suppengrün • 1 Petersilienwurzel • 2 rote Zwiebeln • 400 ml Fischfond oder -brühe • 1/8 l Apfelwein • 4 EL Apfelessig • 4 Lorbeerblätter • 1 EL Senfkörner • 1 EL Pimentkörner • 1 EL Pfefferkörner • 8 Dillstängel • 1 EL Zucker • Pfeffer aus der Mühle • 800 g Welsfilet • 500 g Möhren • 2 orangefarbene Paprikaschoten • 1 gelbe Paprikaschote • 1 Bund Frühlingszwiebeln • 125 g Butter • 1 Eigelb • Zitronensaft

Suppengrün und Petersilienwurzel putzen und grob würfeln. Zwiebeln abziehen und in dünne Ringe schneiden. Das zerkleinerte Gemüse mit dem Fond oder der Brühe zum Kochen bringen. Apfelwein, Apfelessig, Lorbeerblätter, Senfkörner, Pimentkörner, Pfefferkörner, Dillstängel, Zucker, Salz und Pfeffer hinzufügen und alles bei milder Hitze 10 Minuten köcheln lassen.

Das Welsfilet in 4 gleichgroße Stücke schneiden und in dem Sud 3 bis 5 Minuten, je nach Dicke der Filets, gar ziehen lassen. Den Fisch herausnehmen und warm halten. Für das Gemüse Möhren und Paprikaschoten mit dem Sparschäler schälen. Paprikaschoten von Trennwänden und Kernen befreien. Möhren in Scheiben hobeln, Paprikaschoten in daumenbreite Streifen schneiden. Von den Frühlingszwiebeln nur den weißen und hellgrünen Teil verwenden. Den dunkelgrünen Teil in sehr feine Ringe schneiden und beiseite legen. Die Zwiebeln je nach Größe ganz lassen oder längs halbieren.

Möhren, Paprika und Frühlingszwiebeln in wenig Salzwasser garen, abgießen, mit Salz und Pfeffer würzen und mit etwa 35 Gramm Butter verfeinern. Die restliche Butter in einem kleinen Topf schmelzen lassen. Das Eigelb in einem Schälchen glatt rühren, mit etwas warmer Butter mischen, dann mit der restlichen, nicht zu heißen Butter zu einer sämigen Soße verrühren. Mit Salz, Pfeffer und Zitronensaft abschmecken. Die Soße über den pochierten Wels träufeln und mit dem zurückgelegten Zwiebelgrün bestreuen.

Ein Eintopf mit viel frischem Gemüse und zartem Fisch schmeckt besonders gut an heißen Sommertagen. Das wichtigste ist dabei natürlich die Brühe. Wer einen guten Fischhändler kennt, lässt sich Fischkarkassen mitgeben. Eine Fischbrühe aus Fischresten sollte nur 20 bis 30 Minuten gekocht werden. Im Fachhandel sind aber auch fertige Fischfonds und Pasten für Fisch- und Krustentierbrühen erhältlich.

Fischeintopf mit Sommergemüse

Für 4 Portionen

800 ml Fischbrühe oder -fond • 3 Lorbeerblätter • 1 Döschen Safran • 1 TL Fenchelsamen • 200 ml Apfelwein • Salz • Pfeffer aus der Mühle • Zucker • 1 Tasse tiefgefrorene Erbsen • 100 g grüne Bohnen • 2 Möhren • 1 Zucchini • 1 Stange Lauch • 4 dicke Spargelstangen • 250 g Brokkoliröschen • 500 g fest kochende Kartoffeln • 500 g Seelachsfilet • 125 g Lachsfilet • 4 rohe Garnelen ohne Kopf • 4 EL gehackte Petersilie

Die Fischbrühe oder den -fond mit Lorbeerblättern, Safran, Fenchelsamen, Apfelwein, Salz, Pfeffer und Zucker 5 Minuten offen kochen. Die Erbsen in wenig Salzwasser einige Minuten garen, abgießen. Bohnen, Möhren, Zucchini, Lauch, Spargel, Brokkoliröschen und Kartoffeln putzen, Möhren, Spargel und Kartoffeln schälen. Das Gemüse in mundgerechte Stücke schneiden.

Die Brühe durch ein Sieb in einen anderen Topf gießen. Das Gemüse nacheinander in der Brühe garen und herausnehmen. Den Seelachs und den Lachs waschen und in mundgerechte Stücke teilen. Die Garnelen aus dem Panzer brechen und entdarmen. Das Gemüse wieder in die Brühe geben und erhitzen. Fischstücke und Garnelen hinzufügen und 2 bis 3 Minuten köcheln lassen. Mit Salz und Pfeffer abschmecken und mit Petersilie bestreuen.

Rotbarschauflauf mit Sauerkraut

Für 4 Portionen

2 Zwiebeln • 1 Knoblauchzehe • 1 Apfel • 100 g Butter • 500 g Fasssauerkraut • 1/4 l Apfelwein • Salz • Pfeffer aus der Mühle • Zucker • 750 g Rotbarschfilet • Cayennepfeffer • 40 g Mandelblättchen • 100 g Bacon

Zwiebeln und Knoblauch abziehen und klein schneiden. Den Apfel vierteln, entkernen, schälen und würfeln. Etwas Butter in einem Topf erhitzen, Zwiebeln, Knoblauch und Äpfel darin kurz anschwitzen. Sauerkraut und Apfelwein hinzufügen und 15 Minuten offen kochen. Eine weite Auflaufform mit Butter einfetten. Das Sauerkraut mit Salz, Pfeffer und etwa der Hälfte der restlichen Butter abschmecken.

Den Fisch waschen und trockentupfen. Dann in dicke Streifen schneiden. Das Sauerkraut in die Form schichten. Den Fisch aufs Kraut legen und mit Salz, Pfeffer, Cayennepfeffer und den Mandeln bestreuen. Die Baconscheiben über den Fisch legen. Die restliche Butter in kleinen Flöckchen über den Bacon streuen. Im vorgeheizten Backofen bei 200 Grad 20 bis 25 Minuten backen.

Miesmuscheln verdanken ihren Namen nicht ihrem Aussehen. Denn mies sehen sie nicht aus und mies schmecken sie auch nicht. Miesmuscheln haben ihren Namen vom Moos, das an den Pfählen wächst, an denen sich die Muscheln festhalten, damit sie nicht ins weite Meer gespült werden. Diese schwarzen Muscheln sind fast das ganze Jahr über erhältlich. Vor dem Garen werden sie gründlich abgebürstet und Kalkblasen mit einem Messer entfernt. Anschließend die Bärte herausziehen und geöffnete Muscheln wegwerfen, die Muscheln garen, nun ungeöffnete Muscheln wegwerfen, sie sind verdorben. Zu den Muscheln reichen Sie kleine gekochte Kartoffeln oder kräftiges Weißbrot zum Aufditschen der würzigen Brühe.

Muscheln in Apfelwein und roter Mayonnaise

Für 4 Portionen

2,5 kg Miesmuscheln • 300 g Zwiebeln • 4 Knoblauchzehen • 1 Bund Suppengrün • 4 Lorbeerblätter • 1 rote Chilischote • 1 EL Pimentkörner • 5 Stängel Petersilie • 3/4 l Apfelwein • Salz • Pfeffer aus der Mühle • 1 Eigelb • 1 TL scharfer Senf • 100 g Rapsöl • 125 g Schmand • 1 EL Tomatenmark • Honig • Apfelessig • 2 EL gehackter Dill

Die Muscheln gründlich abbürsten, Bärte herausziehen und geöffnete Muscheln wegwerfen. Zwiebeln und Knoblauch abziehen und klein schneiden. Suppengrün putzen und grob würfeln. Zwiebeln, Knoblauch, Suppengrün, Lorbeerblätter, aufgeschlitzte Chilischote, Pimentkörner und Petersilie mit dem Apfelwein mischen. Mit Salz und Pfeffer würzen. Die Muscheln hinzufügen und im geschlossenen Topf 3 Minuten kochen lassen. Zwischendurch die Muscheln schütteln.

Den Topf neben den Herd stellen und die Muscheln 8 bis 10 Minuten gar ziehen lassen. Für die Mayonnaise das zimmerwarme

Eigelb mit dem Senf glatt rühren. Tropfenweise das zimmerwarme Öl dazugießen und mit dem Schneebesen oder mit dem Mixstab rühren, bis eine Mayonnaise entstanden ist. Schmand und Tomatenmark einrühren und die Mayonnaise mit Salz, Pfeffer, etwas Honig, Apfelessig und Dill pikant abschmecken. Die Muscheln in einer großen Schüssel auftragen und die Mayonnaise getrennt dazu reichen.

Da kann ein Gourmet schon mal ins Grübeln verfallen, wenn er auf Bezeichnungen wie Garnelen, Scampi, Kaisergranat, Shrimps, Languste und Hummer trifft. Shrimps sind Tiefseegarnelen aus dem Nordmeer. Scampi sind mit den Hummern verwandt und leicht an den langen schmalen Scheren zu erkennen; die Franzosen nennen sie Langoustine, bei uns heißen sie Kaisergranat. Als Krabbe oder Granat wird die kleine, schmackhafte Nordseekrabbe bezeichnet. Die Languste besitzt keine Scheren, wohl aber scharfe Mundwerkzeuge. Hummer, Flusskrebs und Kaisergranat sind miteinander verwandt. Die Geißelgarnelen, englisch: Prawns, werden in verschiedenen Größen, zum Beispiel als Riesengarnelen frisch, gekocht und gefroren angeboten. Alle Krustentiere dürfen nicht zu lange gegart werden.

Riesengarnelen auf Bohnen-Mais-Gemüse

Für 4 Portionen

200 g schwarze Bohnen • 1 l Gemüsebrühe • 2 Stängel Thymian • 1 Dose Gemüsemais • 1 grüne Paprikaschote • 1 Bund Frühlingszwiebeln • 1 rote Chilischote • 3 cm frischer Ingwer • 12 rohe Riesengarnelen ohne Kopf • 2 Knoblauchzehen • 4 EL Olivenöl • Salz • Pfeffer aus der Mühle • 1/8 l Apfelwein

Die Bohnen über Nacht in reichlich kaltem Wasser einweichen. Am folgenden Tag die Bohnen abgießen und in der Brühe mit dem Thymian weich kochen. Den Mais abgießen. Die Paprikaschote mit einem Sparschäler schälen und in sehr dünne Streifen schneiden. Den weißen und hellgrünen Teil der Frühlingszwiebeln nicht zu fein schneiden. Dunkles Zwiebelgrün in Röllchen schneiden und beiseite legen. Die Chilischote mit oder ohne Kerne fein würfeln. Den Ingwer schälen und reiben.

Die Garnelen aus dem Panzer brechen, das Schwanzende stehen lassen. Die Garnelen am Rücken einschneiden und entdarmen, dann bis zum Schwanz vollständig einschneiden. Den Knoblauch abziehen und fein hacken. Das Olivenöl in einer Pfanne erhitzen, die Garnelen mit dem Knoblauch darin einige Minuten garen. Mit dem Apfelwein ablöschen und mit Salz und Pfeffer würzen. Die Garnelen aus der Pfanne nehmen.

Zwiebeln, Paprika, Chili und Ingwer in der Pfanne einige Minuten schmoren. Mais und abgetropfte Bohnen dazugeben und erhitzen. Alles mit Salz und Pfeffer abschmecken. Die Garnelen darauf setzen und mit dem zurückgelegten Zwiebelgrün bestreuen.

Kuchen & Desserts, Konfitüre & Getränke

Dieses Rezept habe ich von Sixta Thomas aus Heusenstamm. Lang lag es auf meinem Schreibtisch unter Glas und ließ meinen Magen monatelang knurren. Bis ich es eines Tages nicht mehr aushielt. Ich suchte in Küchenschränken, im Kühlschrank und im Obstkorb sowie im Keller nach den Zutaten. Ratzfatz war der Teig geknetet, die Äpfel geraspelt, der Guss gekocht. Lang war die Zeit des Abkühlens. Und kurz war das Leben der fruchtigen Torte!

Äpfelweintorte

Für 1 Springform von 26 bis 28 cm Durchmesser
125 g Butter • 125 g Zucker • 250 g Mehl • 1 Prise Salz • 1 Ei • 1 Päckchen Vanillezucker • 1 TL Backpulver • Butter für die Form • 3/4 l Apfelwein • 1 Päckchen Vanillezucker • 250 g Zucker • 2 Päckchen Vanillepuddingpulver • 1 kg Äpfel • 50 g Mandelstifte • 125 g Rumrosinen (Fertigprodukt) • 250 g süße Sahne • 1 EL Zucker • 1 EL Apfelschnaps • etwas Zimt

Butter mit Zucker, Mehl, Salz, Ei, Vanillezucker und Backpulver zu einem glatten Teig verkneten. Die Backform einfetten. Den Teig zwischen Frischhaltefolie ausrollen und in die Form legen. Dabei einen Rand hochziehen. Die Form für 45 Minuten kühl stellen.

Von dem Apfelwein etwas abnehmen. Den Rest mit Vanillezucker und Zucker aufkochen. Puddingpulver im kalten Apfelwein glatt rühren und in den heißen Wein gießen. Einmal aufkochen lassen. Die Äpfel schälen und grob raspeln. Mit Mandelstiften und Rumrosinen mischen.

Die Äpfel auf dem Teigboden verteilen und mit dem Pudding begießen. Im vorgeheizten Backofen bei 180 Grad 80 bis 90 Minuten backen. Die Torte abkühlen lassen. Sahne mit Zucker steif schlagen. Den Apfelschnaps unterheben und auf die Torte streichen. Mit Zimtpulver bestäuben.

Backen zählt zu den beliebtesten „Küchenarbeiten“ von Frauen. Rund 75 Prozent der Deutschen backen einmal in der Woche, meistens natürlich am Samstag oder Sonntag, einen Kuchen, um damit ihre Liebsten, Freunde, Verwandte und Bekannte zu verwöhnen. Besonders beliebt sind Blechkuchen mit knusperzarten Streuseln, cremigem Quark und saftigen Früchten wie Äpfeln. Vor Hefeteig muss übrigens niemand Angst haben. Wichtig ist, dass alle Zutaten zimmerwarm sind, auch dürfen die Hände nicht eiskalt sein, die Hefe erschrickt. Hefeteig muss gründlich geknetet werden, damit die Hefe in Schwung kommt. Kleine Küchentricks: Die Schüssel, in der der Teig zubereitet wird, mit heißem Wasser ausspülen und abtrocknen. Den Teigling und den Teig zugedeckt auf einer Heizung, unter einer Lampe oder im Sonnenlicht gehen lassen. Wenn auch die Kuchenform oder das Backblech angewärmt werden, geht der Teig darauf besonders locker auf.

Apfelbienenstich

Für 1 Backblech

500 g Mehl • 30 g frische Hefe • 80 g Zucker • 200 ml lauwarmer Apfelwein • 2 Eier • 75 g weiche Butter • 1 Päckchen Vanillezucker • 1 Prise Salz • Mehl zum Bearbeiten • Butter fürs Backblech • 200 g Mandelblättchen • 100 g ungesalzene Pistazien • 175 g Zucker • 4 EL Dosenmilch oder Sahne • 125 g Butter • 3 EL Honig • etwas geriebene Zitronenschale • 750 g Äpfel • 150 g Apfelgelee • 3/4 l Apfelwein • 2 Päckchen Mandelpuddingpulver • 2 Blatt weiße Gelatine • 200 g süße Sahne • Zimt

Das Mehl in eine Schüssel sieben. Die Hefe zerbröckeln und mit 1 Teelöffel Zucker und der Hälfte des lauwarmen Apfelweins glatt rühren. Zugedeckt 15 Minuten beiseite stellen. Die gegangene Hefe mit dem restlichen lauwarmen Apfelwein übers

Mehl gießen und grob mischen. Restlichen Zucker, Eier, Butter, Vanillezucker und Salz dazugeben. Alle Zutaten zu einem glatten Teig verkneten. Bei Bedarf noch etwas Mehl hinzufügen. Den Teig zu einer Kugel formen und in der Schüssel zugedeckt an einem warmen Ort 45 Minuten gehen lassen.

Ein Backblech mit weicher Butter einfetten. Den Teig noch einmal kurz durchkneten und auf dem Backblech ausrollen. Noch einmal zugedeckt 30 Minuten gehen lassen. Mandeln und Pistazien mit Zucker, Dosenmilch oder Sahne, Butter und Honig bei milder Hitze kochen, bis der Guss cremig ist. Die Masse mit Zitronenschale abschmecken und abgekühlt auf dem Teig verteilen. Im vorgeheizten Backofen bei 190 Grad 30 bis 35 Minuten backen. Den Kuchen vierteln und auf Kuchengittern auskühlen lassen.

Die Äpfel vierteln, entkernen, schälen und klein schneiden. Das Apfelgelee erhitzen und die Äpfel hinzufügen. Vom Apfelwein etwas abnehmen und das Puddingpulver darin glatt rühren. Den restlichen Wein zu den Äpfeln geben und zum Kochen bringen. Das Puddingpulver einrühren und einmal aufkochen lassen. Die Gelatine in kaltem Wasser 10 Minuten einweichen, dann ausdrücken und in dem heißen Apfelpudding durch Rühren auflösen.

Die Sahne steif schlagen und mit etwas Zimt mischen. Die vier Kuchenplatten quer durchschneiden. Die Sahne unter den abgekühlten, aber noch nicht fest gewordenen Pudding heben und auf die unteren Teigplatten streichen. Die oberen Teigplatten mit einem schweren Messer in Quadrate oder Rechtecke schneiden und auf die Apfelcreme setzen. Den Kuchen im Kühlschrank 3 bis 4 Stunden durchkühlen lassen.

In der jüdischen Überlieferung gilt der Apfel als etwas Auserwähltes. Gott, so im Lied der Lieder, wolle die Kinder Israels lieben, wie er den Apfelbaum liebe. Am ersten Tag des neuen Jahres, so will es der jüdische Brauch, segnen die Menschen den Apfelbaum mit den Worten: „Gelobt seist du, Ewiger, unser Gott, König der Welt, der du die Baumfrucht erschaffen!" Danach werden kleine Apfelstücke gereicht, die in Honig getaucht werden.

Quitten-Quark-Torte

Für 12 Portionen

150 g kalte Butter • 300 g Mehl • 125 g Puderzucker • 1 Eigelb • 1 Prise Salz • geriebene Zitronenschale • Butter für die Form • 250 g Magerquark • 1 EL Speisestärke • 2 Eigelb • 2 Päckchen Vanillezucker • 1,5 kg Quitten • 1/2 l Apfelwein • 150 g Zucker • 1 EL frisch geriebener Ingwer • 1 Päckchen ungesüßter heller Tortenguss • 40 g gehackte Mandeln • 250 g Hülsenfrüchte

Die Butter klein schneiden und rasch mit Mehl, Puderzucker, Eigelb, Salz und etwas geriebener Zitronenschale verkneten. Eine Springform einfetten und den Teig in die Form drücken. Dabei einen Rand formen. Die Form 3 Stunden kühl stellen. Den Teigboden mit Alufolie auskleiden und mit 250 Gramm Hülsenfrüchten belegen. Im vorgeheizten Backofen bei 200 Grad 12 Minuten vorbacken. Hülsenfrüchte entfernen.

Den Quark in einem Küchentuch vorsichtig ausdrücken. Mit Speisestärke, Eigelben und Vanillezucker glatt rühren. Die Quitten abreiben, vierteln, schälen und entkernen. Die Quittenviertel noch einmal längs durchschneiden. Die Früchte im Apfelwein mit Zucker und Ingwer bissfest garen, abgießen und den Wein auffangen.

Den Quark auf den leicht abgekühlten Boden streichen, die gut abgetropften Quitten darüber legen. Im vorgeheizten Backofen bei 190 Grad 30 bis 40 Minuten backen. Mit dem aufgefangenen Apfelwein nach Packungsaufschrift den Tortenguss zubereiten und über den leicht abgekühlten Kuchen gießen. Die Mandeln in einer fettfreien Pfanne leicht rösten und abgekühlt dick auf den Tortenrand streuen.

Die Frankfurter waren schon immer richtige Leckermäuler. Verdanken wir ihnen doch so köstliche Dinge wie echte Frankfurter Würstchen, den süffigen und gesunden Apfelwein, Apfelschaumwein – besser als manch ein Champagner –, die Frankfurter Grüne Soße, um die uns der Rest der Republik beneidet, die süßen Bethmännchen und das würzige Hartbrot. Der Frankfurter Kranz mit vielen Eiern, viel Butter und Zucker sowie knusprigem Mandelkrokant beweist, dass die Hausfrauen im alten Frankfurt nicht sparen mussten. Übrigens kann der fertige Kranz ohne Apfelchips gut eingefroren werden – falls etwas übrig bleibt.

Frankfurter Kranz mit Äpfeln

Für 1 Kranzform

200 g weiche Butter • 250 g Zucker • 1 Prise Salz • 6 Eier • 300 g Mehl • 100 g Speisestärke • 1 Päckchen Backpulver • Saft und Schale von 2 Bio-Zitronen • 4 bis 8 EL Milch • Butter für die Form • 125 g Puderzucker • 150 g Mandelblättchen • etwas Öl • 1/2 l Apfelwein • 75 g Zucker • 1 Päckchen Vanillepuddingpulver • 250 g weiche Butter • Holunderbeergelee • Apfelchips

Die Butter schaumig rühren. Zucker und Salz hinzufügen und so lange rühren, bis sich der Zucker aufgelöst hat. Nacheinander die zimmerwarmen Eier einrühren. Mehl mit Speisestärke und Backpulver mischen und nach und nach mit dem Teig verrühren. Zitronensaft und Schale zum Teig geben und gut mischen. Nur so viel Milch hinzufügen, bis der Teig schwer reißend im Löffel fällt.

Die Form sorgfältig einfetten und den Teig einfüllen. Im vorgeheizten Backofen bei 190 Grad 60 bis 75 Minuten backen. Für die Garprobe einen Metallspieß in den Teig stechen, bleibt er trocken, ist der Kuchen fertig, klebt Teig daran, muss er noch weitere 10 bis 15 Minuten gebacken werden.

Den Kuchen 10 Minuten in der Form ruhen lassen, dann zum Auskühlen auf ein Kuchengitter stürzen. Den Puderzucker in einer Pfanne zu einem hellen Karamell schmelzen lassen, Mandeln hinzufügen, gut verrühren und auf einem geölten Teller abkühlen lassen.

Für die Füllung vom Apfelwein etwas abnehmen, den Rest mit dem Zucker zum Kochen bringen. Das Puddingpulver mit dem kalten Apfelwein glatt rühren und in dem Apfelwein einmal aufkochen lassen. Den Pudding zugedeckt abkühlen lassen. Zwischendurch öfter umrühren. Für die Creme müssen Pudding und Butter unbedingt die gleiche Temperatur haben. Die Butter schaumig rühren und löffelweise den Pudding unterrühren und 30 Minuten kühl stellen.

Mandelkrokant klein hacken. Das Holunderbeergelee leicht erwärmen und glatt rühren. Den Kuchen dreimal durchschneiden. Den unteren Ring mit dem Gelee bestreichen und einen Ring darüber setzen, mit etwas Buttercreme bestreichen, Kuchenring darüber legen, mit Creme bestreichen und mit dem letzten Ring abschließen.

Etwas Buttercreme in einen Spritzbeutel mit Sterntülle geben und kalt stellen. Den Kranz rundherum mit der restlichen Buttercreme bestreichen und mit dem Krokant bestreuen. Den Frankfurter Kranz mit Buttercremetupfen garnieren und bis zum Anrichten kalt stellen. Erst kurz vor dem Anrichten ein paar Apfelchips in die Cremerosetten stecken.

Tante Else und Onkel Klaus haben ihren Besuch angekündigt. Sie kommen aus Kiel und haben noch nie etwas anderes als Kaffee, Tee, Bier und klaren Schnaps getrunken. Natürlich gibt's zum Nachmittagskaffee hausgemachten Kuchen vom Feinsten. Aber das schöne Frankfurt und den leckeren Apfelwein sollen sie auf einer Fahrt mit der alten Straßenbimmelbahn, dem Ebbelwei-Express, kennen und lieben lernen. Die Rundfahrt vom Zoo durch die Stadt dauert gut eine Stunde. Wer während der Fahrt nicht zu tief ins Glas geschaut hat, blickt während der Feierfahrt auf zahlreiche Frankfurter Sehenswürdigkeiten, knabbert dabei an einer Laugenbrezel und schlürft genüsslich den herben Ebbelwei (Info: www.vgf-ffm.de). Tolles Frankfurt!

Mascarpone-Baisertorte

Für 8 Portionen

2 Eier • 2 Eiweiß • 200 g Zucker • Salz • 200 g gemahlene Haselnüsse • 1/2 TL Zimt • 2 Äpfel • 1/8 l Apfelwein • 1 Vanilleschote • 75 g Zucker • 2 Blatt Gelatine • 250 g Mascarpone • 125 g Puderzucker • 2 EL Apfelbrand • Zitronensaft • 4 EL gehackte Pistazien

Die Eier trennen. Das Eiweiß kühl stellen. Die Eigelbe mit 75 Gramm Zucker im Wasserbad cremig aufschlagen. Den Schneekessel sofort in eine Schüssel mit Eiswasser aus Eiswürfeln stellen und die Creme kalt schlagen. Das Eiweiß mit etwas Salz halb steif schlagen, den restlichen Zucker einrieseln lassen und steif schlagen. Die Haselnüsse vorsichtig unterheben und den Teig mit Zimt würzen.

Zwei Backbleche mit Backpapier auslegen und auf jedes Blech einen etwa 25 Zentimeter großen runden Baiserboden streichen. Im vorgeheizten Backofen zusammen bei 200 Grad 25 bis 35 Minuten hell backen. Nach der Hälfte der Backzeit die Backbleche tauschen.

Für die Füllung die Äpfel vierteln, schälen, entkernen und klein schneiden. In dem Apfelwein aufkochen. Die Vanilleschote aufschneiden, das Mark herausschaben. Mark und Schote mit dem Zucker zu den Äpfeln geben und alles dicklich einkochen. Die Gelatine 10 Minuten in kaltem Wasser einweichen. Gut ausdrücken und in dem heißen, nicht kochenden Kompott auflösen. Das Kompott abkühlen lassen und die Vanilleschote entfernen.

Die abgekühlte Eimasse mit dem zimmerwarmen Mascarpone und dem Kompott verrühren. Den gesiebten Puderzucker mit dem Apfelbrand und einigen Tropfen Zitronensaft cremig rühren. Einen abgekühlten Tortenboden auf eine Tortenplatte legen und mit der Mascarponecreme bis auf etwa 5 Esslöffel bestreichen. Den zweiten Boden darüber legen. Den Guss in dünnen Linien darüber träufeln. Mit der restlichen Creme den Tortenrand bestreichen und mit Pistazien bestreuen.

Brombeeren gedeihen in lichten Wäldern. Kaum ein Wanderer kann im Herbst an den schwarzglänzenden, Vitamin-C-reichen Früchten vorübergehen ohne zu naschen, obwohl die Pflanze mit ihren spitzen Dornen die Feinschmecker auf Abstand halten möchte. In den Handel kommen in der Hauptsache große Beeren von Plantagen, die weniger ausgeprägt im Geschmack sind.

Beschwipstes Brombeersüppchen mit Apfelklößen

Für 4 Portionen

600 ml Brombeersaft • 300 ml Apfelwein • 100 g Zucker • 1 Sternanis • 1/2 Zimtstange • 1 Gewürznelke • 1 Stück Zitronenschale • 1 EL Speisestärke • 2 EL Apfelschnaps • 200 ml Milch • 2 EL Grieß • 1 Prise Salz • 3 TL Zucker • 1/2 Päckchen Vanillezucker • 1 Eigelb • 1 kleiner Apfel • geriebene Zitronenschale • 125 g Brombeeren • Puderzucker

Den Brombeersaft mit Apfelwein, Zucker, Sternanis, Zimtstange, Gewürznelke und dem Stück Zitronenschale aufkochen. Die Speisestärke mit ein wenig kaltem Wasser glatt rühren und in den kochenden Saft einrühren. Einmal aufkochen lassen und zum Abkühlen beiseite stellen. Dann mit dem Apfelschnaps aromatisieren.

Für die Klößchen die Milch zum Kochen bringen. Grieß einrieseln und einmal aufkochen lassen. Salz, Zucker, Vanillezucker und das Eigelb einrühren und etwas abkühlen lassen. Den Apfel vierteln, schälen, entkernen und sehr klein würfeln. Apfelwürfel und Zitronenschale mit dem lauwarmen Grieß mischen. Erkalten lassen.

Einen Topf mit Salzwasser zum Kochen bringen. Mit zwei Teelöffeln, die immer wieder ins kochende Wasser getaucht werden, kleine Klößchen abstechen und 4 bis 6 Minuten in dem siedenden Wasser gar ziehen lassen. Die Brombeeren verlesen, waschen und gut abtropfen lassen. Mit etwas Puderzucker bestäuben und in die lauwarme oder abgekühlte Suppe setzen, die heißen oder abgekühlten Klößchen dazugeben.

Eier gehören mit zu den gesündesten Lebensmitteln. Achten Sie auf die Kennzeichnung: Eier bzw. Eierpackungen müssen einen Stempel tragen. Stehen 0, 1 oder 2 am Anfang, stammen die Eier aus ökologischer, Freiland- bzw. Bodenhaltung. Eier mit einer 3 am Anfang des Stempels stammen aus Käfighaltung. Also: Kein Ei mit der drei!

Frankfurter Pudding mit Äpfelsoße

Für 4 Portionen

75 g Haselnüsse • 250 g Toastbrot ohne Rinde • 125 g Butter • 75 g Zucker • 1 Päckchen Vanillezucker • 1 Prise Salz • 3/8 l heiße Milch • 50 g Zitronat • 50 g Orangeat • geriebene Zitronenschale • 4 Eier • 4 EL Apfelwein • 1/2 TL Lebkuchengewürz • 4 EL Mandelblättchen • 2 Äpfel • 75 g Puderzucker • 1 EL Honig • 1/2 l Apfelwein • 1 EL Speisestärke • Zimt • Nelkenpulver

Haselnüsse in einer fettfreien Pfanne rösten. In einem Küchentuch hin- und herreiben, um die bittere Haut zu entfernen. Die Nüsse grob hacken. Das Brot in ein Zentimeter große Würfel schneiden. Die Brotwürfel in etwa der Hälfte der Butter goldgelb rösten. Die Brotwürfel in eine große Schüssel umfüllen. Eine Pudding- oder Gugelhupfform mit etwas Butter einfetten.

Die restliche Butter mit Zucker, Vanillezucker und Salz zum Brot geben. Die heiße Milch darüber gießen und gut mischen. Haselnüsse, Zitronat, Orangeat und etwas geriebene Zitronenschale hinzufügen. Die Eier mit dem Apfelwein und Lebkuchengewürz mischen und mit den Brotwürfeln gut verrühren.

Die Form mit Mandelblättchen ausstreuen und die Puddingmasse einfüllen. Im vorgeheizten Backofen bei 180 Grad 40 bis 50 Minuten garen. Die Äpfel vierteln, schälen, entkernen und in kleine Würfel schneiden. Den Puderzucker in einer Pfanne zu einem hellen Karamell schmelzen, Apfelwürfel, Honig und Apfelwein dazugeben und so lange erhitzen, bis der Karamell wieder flüssig ist.

Die Speisestärke mit ein wenig kaltem Wasser glatt rühren und den Apfelwein damit leicht binden. Die Soße mit etwas geriebener Zitronenschale, Zimt und Nelkenpulver würzen. Die erkaltete Soße zum lauwarmen Pudding servieren.

Überbackene Äpfelpfannkuchen

Für 4 Portionen

4 Eier • 1 Prise Salz • 1 Päckchen Vanillezucker • 150 g Mehl • 300 ml Milch • 2 EL flüssige Butter • Butterschmalz zum Backen • 2 Äpfel • 225 ml Apfelwein • 4 EL getrocknete Preiselbeeren • 3 EL Zucker • 100 g Schmand • 2 Eier• 3 EL Honig • 4 EL Mandelblättchen • Butter für die Form • Puderzucker

Die Eier mit Salz, Vanillezucker, Mehl, Milch und der flüssigen Butter glatt rühren. Den Teig 30 Minuten ausquellen lassen. Bei Bedarf noch etwas Wasser hinzufügen. Etwas Butterschmalz in einer Pfanne erhitzen und nacheinander 4 Pfannkuchen backen. Die Äpfel vierteln, schälen, entkernen und klein schneiden.

1/8 Liter Apfelwein mit den Cranberries offen 2 Minuten kochen. Die Äpfel und den Zucker einrühren und so lange erhitzen, bis die Flüssigkeit fast vollständig verdampft ist. Schmand mit dem restlichen Apfelwein, Eiern und Honig glatt rühren. Die Pfannkuchen mit den Äpfeln bestreichen und locker aufrollen.

Eine Auflaufform mit Butter einfetten. Die aufgerollten Pfannkuchen mit der Naht nach unten in die Form legen. Mit Schmand begießen und mit Mandelblättchen bestreuen. Im vorgeheizten Backofen bei 200 Grad 15 bis 20 Minuten überbacken und mit etwas Puderzucker bestäuben.

Wer einmal den karamelligen Ahornsiurp über einen heißen Pfannkuchen gegossen hat, wird diesen herrlichen Geschmack nie wieder vergessen. In zahlreichen Familien Nordamerikas und Kanadas ist ein Frühstück ohne Pfannkuchen mit Ahornsirup undenkbar. Diesen leicht flüssigen Sirup liefern tausende von Ahornbäumen, die angezapft werden. Aus rund 40 Litern Ahornsaft entsteht durch Einkochen rund 1 Liter Sirup.

Quarkklößchen mit Herbstfrüchten

Für 4 Portionen

1/4 l Apfelwein • 1 Apfel • 1 Birne • 125 g Zwetschgen • 125 g Brombeeren • 150 g Zucker • 1 TL Speisestärke • 500 g Magerquark • 2 Eier • 2 Eigelb • Salz • 50 g Butter • 100 g Hartweizengrieß • 1 Päckchen Vanillezucker • geriebene Zitronenschale • 4 EL Paniermehl • 2 EL gehackte Haselnüsse • 2 EL Zucker • 4 EL Butter

Den Apfelwein in einen Topf gießen. Apfel und Birne vierteln, schälen, entkernen und würfeln. Zwetschgen vierteln und entsteinen, Brombeeren verlesen. Äpfel, Birnen und Zwetschgen in dem Apfelwein mit 75 Gramm Zucker 5 Minuten kochen. Die Speisestärke mit etwas kaltem Wasser glatt rühren und den Wein damit leicht binden. Die Brombeeren hinzufügen.

Den Quark in einem Küchentuch leicht ausdrücken. Mit dem restlichen Zucker, Eiern, Eigelben, etwas Salz , Butter, Grieß, Vanillezucker und etwas geriebener Zitronenschale verrühren. Salzwasser zum Kochen bringen und mit 2 Esslöffeln, die immer wieder ins heiße Wasser getaucht werden, Klößchen abstechen und im Salzwasser 10 bis 15 Minuten gar ziehen lassen.

Das Paniermehl mit den Haselnüssen in einer Pfanne leicht rösten, Zucker und Butter einrühren. Die Klößchen auf dem Kompott anrichten und mit den Bröseln bestreuen.

Pochierte Äpfel mit Zimtsahne

Für 4 Portionen

4 Äpfel • Zitronensaft • 75 g Marzipanrohmasse • 3 EL Apfelschnaps • 4 Orangenscheiben • 3/4 l Apfelwein • 8 EL Ahornsirup • 1 Vanilleschote • 1 Zimtstange • 3 Gewürznelken • 1 TL Kardamomkörner • 1 Sternanis • 2 Stück Zitronenschale • 75 g Zucker • 75 g Pecannusskerne oder Walnüsse • 1 EL Butter • Öl • 250 g süße Sahne • 2 EL Ahornsirup • 1/2 TL Zimt

Die Äpfel schälen, aber um den Stiel herum die Schale bogenförmig stehen lassen. Die Äpfel mit etwas Zitronensaft einreiben. Das Kerngehäuse von der Unterseite großzügig herausschneiden. Das Marzipan mit dem Apfelschnaps verkneten. In 4 Stücke teilen und die Äpfel damit füllen.

Die Äpfel dicht an dicht in einen Topf auf die Orangenscheiben setzen. Apfelwein, Ahornsirup, aufgeschnittene Vanilleschote, Zimtstange, Nelken, Kardamom, Sternanis und Zitronenschale zu den Äpfeln geben und zugedeckt bei milder Hitze 8 bis 15 Minuten garen.

Den Zucker zu einem hellen Karamell schmelzen. Die Nüsse dazugeben, ebenso die Butter und 1 Esslöffel Sahne. Auf einem eingeölten Teller fest werden lassen, dann zerkleinern. Die Sahne steif schlagen, mit Ahornsirup und Zimt vorsichtig mischen. Die Äpfel in dem Apfelwein abkühlen lassen. Die lauwarmen Äpfel ohne Orangenscheiben auf Desserttellern anrichten, mit dem Krokant bestreuen und die Sahne dazu reichen. Den Sud nach Belieben sirupartig einkochen und über die Äpfel träufeln.

Die Familie Bethmann kam 1746 nach Frankfurt und gründete die Bethmann-Bank, wo sich auch Goethe „Kredit machen ließ“ um nach Italien reisen zu können. Die Bethmanns waren vermögende Leute. Ihr französischer Küchenchef kreierte eines Tages in seiner Küche ein süßes Mandelgebäck aus Marzipan, Zucker, Eiweiß und Rosenwasser. Die kleinen Teigkugeln verzierte er mit 4 halbierten Mandeln – für jeden Bethmannsohn eine. Als Sohn Heinrich starb, entfernte der Küchenchef 1 Mandel und so werden die Bethmännchen noch heute mit 3 halbierten Mandeln belegt.

Bratäpfel in Apfelweinsoße

Für 4 Portionen

4 Boskopäpfel • 75 g flüssige Butter • 8 Bethmännchen • 2 EL gehackte Mandeln • 4 EL gekochte Preiselbeeren • 4 TL Mandelblättchen • 600 ml Apfelwein • 2 Päckchen backfeste Puddingcreme • 1 Päckchen Vanillezucker

Die Äpfel mit einem Apfelausstecher großzügig aushöhlen, dabei aber einen Boden stehen lassen. Das Kerngehäuse der Äpfel wegwerfen, Apfelteile klein hacken. Die Äpfel außen mit etwas flüssiger Butter einpinseln und in eine ofenfeste Form setzen.

Für die Füllung die Bethmännchen fein hacken. Mit gut der Hälfte der flüssigen Butter, den gehackten Mandeln und den Preiselbeeren mischen und in die Äpfel füllen. Mit der restlichen Butter beträufeln und mit Mandelblättchen bestreuen. Die Äpfel im vorgeheizten Backofen bei 200 Grad 25 Minuten backen.

Für die Soße den Apfelwein mit dem Puddingpulver und dem Vanillezucker nach Packungsaufschrift cremig rühren. Die Creme mit den klein geschnittenen Äpfeln mischen und über die Bratäpfel gießen. Weitere 15 Minuten backen und heiß anrichten.

Nicht in der Champagne wurde zuerst Schaumwein hergestellt, sondern pfiffige Winzer in den französischen Orten Limoux und Die kelterten schon vor über 800 Jahren einen perlenden Wein. Der Deutsche Carl Samuel Haeusler stellte 1820 den ersten Schaumwein aus Äpfeln her. Dieser „German Champagne Cider" wurde sogar bis nach Amerika exportiert. Leider ging das Wissen um dieses spritzige Getränk nach dem Zweiten Weltkrieg verloren. Erst 1986 wurde wieder Apfelschaumwein angeboten – und zwar von Jörg Stier in Maintal-Bischofsheim. Über zehn verschiedene Apfelschaumweine mit einem Alkoholgehalt von 7,5 % sind bei ihm im Angebot.

Evas Apfelschaumweintraum

Für 6 Portionen

100 g Marzipanrohmasse • 50 g gehackte Mandeln • 100 g Apfelchips • 50 g bittere Schokolade • etwas Apfelschnaps • 750 g Äpfel • 100 g Puderzucker • 125 g Brombeeren • 12 Blatt Gelatine • 100 g Schmand • 250 g Doppelrahmfrischkäse • 1 Päckchen Vanillezucker • 2 Bio-Zitronen • 250 g süße Sahne • 1/2 l Apfelschaumwein (z. B. „Eva" von Jörg Stier) • 100 g Zucker

Marzipanrohmasse grob in eine Schüssel zu den Mandeln raspeln. Die Apfelchips zerbröseln, die Schokolade raspeln. Beides mit der Marzipanmasse und etwas Apfelschnaps verkneten und auf den Boden einer hübschen Dessertschale drücken.

Die Äpfel vierteln, schälen, entkernen und fein würfeln. Den Puderzucker in einem Topf zu einem hellen Karamell schmelzen. Die Apfelwürfel hinzufügen und in dem Karamell garen, dann beiseite stellen. Die Brombeeren putzen, waschen und gut abtropfen lassen. 6 Blatt Gelatine 10 Minuten in kaltem Wasser einweichen, dann gut ausdrücken und mit der heißen Apfelzubereitung mischen. Zum Schluss die Brombeeren hinzufügen.

Für die Creme den Schmand mit dem Frischkäse und dem Vanillezucker glatt rühren. Beide Zitronen waschen, trockenreiben und die Schale von beiden Früchten abreiben, beide Früchte auspressen. Saft und Schale von 1 Frucht zum Frischkäse geben. Mit der leicht abgekühlten Apfelzubereitung mischen. Die Sahne steif schlagen und unter die Apfel-Frischkäse-Creme mischen.

Die restliche Gelatine wieder 10 Minuten in kaltem Wasser einweichen. Die Apfel-Frischkäse-Masse auf den Marzipanboden streichen und kühl stellen. Etwa 1/4 Liter Apfelschaumwein mit dem restlichen Zitronensaft, der Zitronenschale und Zucker einmal aufkochen. Die Gelatine gut ausdrücken und in der heißen, nicht mehr kochenden Flüssigkeit auflösen. Das Gelee abkühlen, aber noch nicht gelieren lassen. Den restlichen Apfelschaumwein einrühren und über die Apfelcreme gießen. Das Dessert 3 bis 4 Stunden im Kühlschrank fest werden lassen.

Wenn nach einem guten Essen nichts mehr geht, ein Dessert passt immer noch in den gut gefüllten Magen. Süßspeisen gehören bei uns fast zum täglichen Genuss. Ob im Restaurant, in der Kantine oder im Kindergarten – immer gibt es zum Abschluss etwas Süßes. Und selbst die Jüngsten in der Krabbelstube oder in Mamas Küche schielen zuerst nach der berühmten Glasschüssel, ob sich darin nicht eine süße Creme oder eine erfrischende Obstspeise verbirgt. Erst dann kann sich der Mensch beruhigt der Hauptmahlzeit widmen.

Apfelweineis mit Apfelkompott

Für 6 Portionen

1/2 l Apfelwein • 2 Stück Zitronenschale • 1 Zimtstange • 1 Gewürznelke • 7 Eigelb • 125 g Zucker • 150 g Sahnejogurt • 200 g süße Sahne • 1 Päckchen Vanillezucker • 6 EL Mandelblättchen • 2 große Äpfel • 4 EL Quitten- oder Apfelgelee • 2 EL Apfelschnaps • Akazienhonig

Den Apfelwein mit Zitronenschale, Zimt und Nelke erhitzen und beiseite stellen. Die Eigelbe im Wasserbad mit dem Zucker verrühren. Den heißen Apfelwein durch ein Sieb gießen und mit dem Eigelb mischen. Über dem Wasserbad cremig aufschlagen. Den Schneekessel sofort in eine Schüssel mit Eiswasser aus Eiswürfeln stellen und die Masse kalt schlagen. Den Jogurt unterrühren. Die Sahne mit dem Vanillezucker steif schlagen und unter die Eimasse heben. In der Eismaschine 20 bis 30 Minuten gefrieren lassen oder 6 Stunden in kleinen Förmchen oder Tassen im Tiefkühlgerät fest werden lassen.

Die Mandelblättchen goldgelb rösten und abkühlen lassen. Die Äpfel vierteln und entkernen. In dünne Spalten schneiden und in dem heißen Gelee bissfest garen. Mit dem Apfelschnaps aromatisieren und abkühlen lassen. Das Eis mit dem Kompott anrichten, mit Mandeln und etwas Honig garnieren.

Apfeltiramisu

Für 4 Portionen
75 g Puderzucker • 2 EL Butter • 1 EL Honig • 40 g Mandelblättchen • etwas Öl • 3 Äpfel • 1/4 l Apfelwein • 150 g Zucker • etwas Lebkuchengewürz • 4 Eigelb • 1 Päckchen Vanillezucker • 250 g Mascarpone • Zitronensaft • 150 g süße Sahne • 6 EL Apfelschnaps • 125 g Mandel- oder Apfelkekse • Zimtzucker

Den Puderzucker in einer Pfanne zu einem hellen Karamell schmelzen. Butter und Honig darin auflösen. Mandeln einrühren und gut mischen. Einen Teller mit etwas Öl einfetten und die Krokantmasse darauf fest werden lassen. Anschließend zerbröseln.

Die Äpfel vierteln, schälen, entkernen und klein schneiden. Den Apfelwein mit 50 Gramm Zucker erhitzen und die Äpfel darin zerfallen lassen. Die Flüssigkeit abgießen und auffangen. Die Äpfel mit einer Gabel gut durchrühren und mit etwas Lebkuchengewürz abschmecken.

Die Eigelbe mit dem restlichen Zucker und Vanillezucker schaumig rühren. Mascarpone hinzufügen. Die Mascarponecreme mit etwas Zitronensaft abschmecken. Die Sahne steif schlagen und unter die Mascarponecreme heben. Die Hälfte der Creme auf den Boden einer Form streichen.

Gut die Hälfte der Kekse mit dem aufgefangenen Apfelwein und Apfelschnaps tränken und auf die Creme legen. Mit Apfelkompott, Mandelkrokant und der restlichen Creme abdecken. Die restlichen Kekse und etwas Zimtzucker über das Dessert streuen und im Kühlschrank mindestens 4 Stunden durchziehen lassen.

Unsere Großmütter haben früher für den Wintervorrat Konfitüren und Gelees, Obst und Gemüse aus dem eigenen Garten eingekocht. Denn nicht immer gab es zu jeder Jahreszeit wie heute bei uns im Supermarkt Obst und Gemüse aus aller Welt. Wer heute Konfitüre oder Gelee kocht, möchte etwas Besonderes zaubern. Einkochen ist gar nicht so schwer, wenn ein paar Regeln beachtet werden: Nur einwandfreie Früchte verwenden. Töpfe, Gläser, Deckel und Schöpfkelle müssen gründlich mit heißem Wasser gespült worden sein. Bevor Gelee und Konfitüre in die Gläser kommen, gibt man einen Löffel der Zubereitung auf eine Untertasse und prüft, ob sie geliert. Wenn nicht, wird einfach ein paar Minuten weiter gekocht.

Quittengelee mit Apfelschaumwein

Für 3 Gläser

600 ml Quittensaft (frisch gepresst oder aus dem Reformhaus oder Bioladen) • 400 ml Apfelschaumwein • Saft von 1 Zitrone • 1,2 kg Gelierzucker • 125 g Rumrosinen (Fertigprodukt) • 1 Vanilleschote

Den Quittensaft mit dem Apfelschaumwein, dem Zitronensaft und dem Gelierzucker 5 Minuten sprudelnd kochen lassen. Die Rumrosinen einrühren und 1 weitere Minute kochen. Die Vanilleschote in 3 Stücke schneiden und aufschlitzen. In jedes Glas 1 Stück Vanille stecken und mit dem heißen Gelee auffüllen. Sofort mit Twist-off-Deckeln verschließen. Hält im Keller etwa 3 Monate.

Apfelweinkonfitüre

Für 4 Gläser
1 kg Äpfel • 1/4 l Apfelwein • Saft von 1 Zitrone • 1,2 kg Gelierzucker • 1 Zimtstange

Die Äpfel waschen, trockenreiben, vierteln, schälen und entkernen. Apfelschalen und Kerngehäuse mit dcm Apfelwein 5 Minuten kochen und abkühlen lassen. Den Sud durch ein Sieb gießen. Die Zitrone auspressen. Die Äpfel in kleine Würfel schneiden. Zitronensaft und Apfelwürfel in dem Sud zum Kochen bringen. Den Zucker einrieseln lassen und alles 4 Minuten sprudelnd kochen. Die Zimtstange in 4 gleichgroße Stücke brechen und in die Gläser geben. Die Konfitüre darüber gießen und sofort mit Twist-off-Deckeln verschließen. Hält im Keller etwa 5 Monate.

Würzige Chutneys gehören zu Indien wie der Apfelwein nach Hessen. Kaum eine Hausfrau käme in Indien auf die Idee, ein fertiges Chutney zu kaufen, vielmehr wird es täglich aus frischen Früchten und allerlei Gewürzen in der eigenen Küche gerührt. Wir kochen diese Beilage zu Reis, Eiern, Fisch und Fleisch der besseren Haltbarkeit wegen – und weil's uns auch besser schmeckt als ein roh gerührtes Chutney. Und noch etwas wird der Besucher kaum in Indien finden: Currypulver. Ein Curry ist in Indien ein Gemüse-, Fleisch- oder Fischgericht mit cremiger Soße. Currypulver ist ein Mischgewürz und besteht aus Kurkuma (Gelbwurz), Anis, Chili, Knoblauch, Zimt, Kreuzkümmel, Koriander, Kardamom, Muskat und vielen anderen Gewürzen. Unser Ketschup stammt vom indonesischen Wort Ketjup für Soße ab.

Apfelchutney

Für 8 Portionen

4 Schalotten • 1 EL Butter • 2 EL brauner Zucker • 4 Äpfel • 1 rote Chilischote • 1/4 l Apfelwein • 5 Ananasringe (frisch oder aus der Dose) • 4 cm frischer Ingwer • 2 Lorbeerblätter • 1/2 TL Korianderkörner • 1/2 TL Kardamomsamen • 1/4 TL Nelkenpulver • 1/4 TL Mazis (Muskatblüte) • 1/4 TL Zimt • 1/4 TL Kreuzkümmelpulver • 1 TL Currypulver • 1 Limette • 1 EL Worcestersoße

Die Schalotten abziehen und klein schneiden. In der heißen Butter mit dem Zucker weich, aber nicht braun schmoren. Äpfel vierteln, schälen, entkernen und würfeln. Die Chilischote in Ringe schneiden. Äpfel, Chili und Apfelwein zu den Zwiebeln geben und bei milder Hitze 5 Minuten kochen.

Ananas klein schneiden. Ingwer schälen und reiben. Beides mit den Lorbeerblättern zu den Äpfeln geben. Korianderkörner und Kardamomsamen im Mörser zerreiben. Mit allen anderen

Gewürzen außer Limette und Worcestersoße zu den Äpfeln geben und dicklich einkochen. Die Limette heiß waschen, trockenreiben und die Schale zum heißen Chutney reiben. Die Frucht auspressen. Das Chutney mit Limettensaft und Worcestersoße abschmecken. Die Lorbeerblätter entfernen und das Chutney in saubere Gläser füllen. Hält im Kühlschrank bis zu 4 Wochen.

Apfelketschup für Erwachsene

Für etwa 1,3 Liter

500 g reife Tomaten • 12 Äpfel • 5 rote Zwiebeln • 1/8 l Apfelwein • 350 ml Apfelessig • 200 g Zucker • 3 TL Salz • 1 rote Chilischote • 3 Lorbeerblätter • 2 Stängel Thymian • 1 Stück Zitronenschale • 1 Stück Orangenschale • 1 TL schwarze Pfefferkörner • 1 TL Pimentkörner • 1 TL Kardamomkörner • 1 Zimtstange • 3 Gewürznelken • 4 EL geriebener Meerrettich

Tomaten und Äpfel waschen und vierteln. Den grünen Stielansatz der Tomaten wegschneiden, die Äpfel entkernen. Zwiebeln abziehen. Tomaten, Äpfel und Zwiebeln klein schneiden und mit Apfelwein, Essig, Zucker und Salz mischen. Bei mittlerer Hitze erwärmen. Die Chilischote grob hacken und mit den restlichen Gewürzen bis auf den Meerrettich zur Apfelmasse geben und langsam ohne Deckel cremig einkochen. Zwischendurch öfter umrühren.

Das Ketschup probieren und bei Bedarf Zucker, Salz oder Essig hinzufügen. Die Masse lauwarm abkühlen lassen, dann mit dem Meerrettich mischen. Lorbeerblätter, Thymianstängel und Zimtstange entfernen. Alles durch ein feines Sieb streichen und in saubere Gläser oder Flaschen füllen. Hält im Kühlschrank bis zu 6 Wochen.

Äpfel zählen zu den Rosengewächsen. Was liegt also näher, als ein Getränk zu komponieren, in dem Äpfel, Apfelwein und Rosenblüten sich aufs feinste vereinen? Wie viele andere Blüten sind auch Apfelblüten essbar. Ungespritzte essbare Blüten kommen aus dem eigenen Garten oder aus dem Supermarkt. Ach, übrigens: Wer noch einen Traumpartner oder die Frau fürs schöne Leben sucht, wirft die in einem Stück abgeschälte Apfelschale mit geschlossenen Augen hinter die linke Schulter. Aus der Lage der Schale ergibt sich der Anfangsbuchstabe des zukünftigen Liebsten.

Äpfelbowle

Für 4 Portionen

2 Äpfel • 2 EL Zucker • 4 EL Apfelschnaps • 250 g Brombeeren • 4 duftende, ungespritzte Rosenblüten • 1 l Apfelwein • 1 Flasche nicht zu herber Apfelschaumwein oder Sekt

Die Äpfel waschen, trockenreiben und möglichst in einem Stück schälen. Die Früchte vierteln, entkernen und nicht zu klein würfeln. Apfelwürfel und Apfelschalen mit Zucker bestreuen. Sobald sich der Zucker aufgelöst hat, den Apfelschnaps darüber gießen und die Brombeeren hinzufügen. 1 Stunde zugedeckt im Kühlschrank durchziehen lassen.

Die Rosenblüten ausschütteln, um unliebsame Bewohner zu entfernen. Die Rosenblätter zu den Äpfeln zupfen und mit dem gut gekühlten Apfelwein begießen. Zugedeckt 1 weitere Stunde in Kühlschrank durchziehen lassen. Vor dem Servieren die Apfelschalen und nach Belieben auch die Rosenblütenblätter entfernen und den gut gekühlten Apfelschaumwein oder Sekt in die Bowle gießen.

Apfel-Holunder-Longdrink

Für 4 Portionen

300 ml Holunderbeersaft, gesüßt • 1 Apfel • Zitronensaft • 1 EL Apfeldicksaft (Reformhaus oder Bioladen) • 1/4 l Apfelwein • 1 Bio-Orange • Apfelschaumwein

Den Holunderbeersaft zu Eiswürfeln gefrieren. Den Apfel vierteln. 4 Spalten herausschneiden und mit Zitronensaft einreiben. Den restlichen Apfel fein würfeln. Mit dem Apfeldicksaft und dem Apfelwein mischen und mindestens 30 Minuten kühl stellen.

Die Orange heiß waschen, trockenreiben und die Schale in 4 Streifen mit dem Sparschäler abziehen. Die Eiswürfel auf 4 Longdrinkgläser verteilen. Abgeseihten Apfelwein hinzufügen. Die Orangenschalenstreifen und die Apfelspalten auf lange Spieße stecken und über die Gläser hängen. Mit gut gekühltem Apfelschaumwein auffüllen.

Um schäumenden Wein herzustellen, gibt es verschiedene Methoden. Besonders feinperlig sind Schaumweine, wenn sie nach der klassischen Flaschengärung, der „Méthode champenoise", hergestellt wurden. Frühestens nach 8 Monaten Reifung des werdenden Apfelschaumweins werden die Flaschen täglich gerüttelt und danach entheft. Dann gießt der Kellermeister die Dossage dazu, die für wunderbare Differenzierungen eines Jahrgangs sorgt. Köstliche Apfelschaumweine nach der klassischen Flaschengärung gibt es bei Jörg Stier in Maintal-Bischofsheim (www.kelterei-stier.de). Für ganz besondere Anlässe empfehlen wir „Carl Samuel Haeusler", einen exquisiten und vollmundigen Apfelschaumwein, der mindestens 6 Jahre in der Flasche reifen durfte.

Feuerzangenbowle

Für 4 bis 6 Portionen

2 l Apfelwein • 1/4 l Apfelsaft • 1/2 Bio-Orange • 3 Gewürznelken • 1 Zimtstange • 1/2 TL Lebkuchengewürz • 1 Zuckerhut • 1/2 l hochprozentiger Apfelschnaps

Den Apfelwein mit dem Apfelsaft in einem feuerfesten Bowlengefäß erhitzen. Die Orange mit den Nelken spicken und mit der Zimtstange und dem Lebkuchengewürz zum Apfelwein geben. Das Gefäß auf einen Rechaud stellen und den Zuckerhut auf dem Zuckerhuthalter darüber legen. Den Apfelschnaps mit einem Esslöffel über den Zuckerhut träufeln und anzünden.

Den Schnaps nie direkt aus der Flasche über den brennenden Zucker gießen, Explosionsgefahr!

Fruchtiger Apfelpunsch

Für 6 Gläser

1 Apfel • 1 Blutorange • 1 reife Mango • 5 EL getrocknete Preiselbeeren • 6 EL Apfelschnaps • 1 l Apfelwein • 4 EL Apfelschalentee • 3 Kardamomkapseln • 1 TL Korianderkörner • 1 Zimtstange • 2 cm frischer Ingwer • 1 Vanilleschote • 6 bis 8 EL Zucker • 1 Flasche Apfelschaumwein

Apfel, Blutorange und Mango schälen, entkernen und in kleine Würfel schneiden. Das Obst mit den Cranberries und dem Apfelschnaps mischen und beiseite stellen. Den Apfelwein mit Apfelschalentee, Kardamom, Koriander, Zimt, Ingwer und der aufgeschlitzten Vanilleschote erhitzen, aber nicht kochen lassen. Den Wein 10 Minuten ziehen lassen, dann durch ein Sieb gießen. Mit Zucker süßen und vor dem Anrichten noch einmal erhitzen. Die Früchte auf die Gläser verteilen, mit heißem Apfelpunsch auffüllen und zum Schluss in jedes Glas einen ordentlichen Schuss Apfelschaumwein gießen. Aber Vorsicht: Es schäumt!

Stellen Sie sich vor, es schneit dicke weiße Flocken vom Himmel. Ein rauer Wind weht und wirbelt den lockeren Schnee übers Feld. Sie und Ihr Hund kämpfen sich durch die kalte Winterlandschaft, die Nase ist rot und kribbelt, ein kalter Schauer erfasst Ihren Körper, die Hände werden auch in den Manteltaschen nicht mehr warm. Worauf freuen Sie sich? Natürlich auf heißen Apfelwein, wohldosiert abgeschmeckt mit feinen Gewürzen, leicht gesüßt – so umschließen Sie mit klammen Fingern das gerippte Glas und freuen sich auf den ersten Schluck, der wärmend durch die Kehle rinnt. Der Hund döst wohlig knurrend eingerollt vorm knisternden Kamin.

Apfelweingrog

Für 2 feuerfeste Gläser

12 EL Apfelwein • 10 EL Apfelschnaps • 3 Eigelb • 4 EL Zucker • etwas Zimt

Den Apfelwein mit dem Apfelschnaps erhitzen. Die Eigelbe mit dem Zucker sehr cremig aufschlagen. Den heißen Apfelwein dazu gießen, noch einmal schaumig aufschlagen. Den Grog in 2 feuerfeste Gläser gießen. Mit etwas Zimtpulver bestäuben und sofort servieren.

Heißer Apfelwein

Für 4 Gläser

1 l Apfelwein • 1 Zimtstange • 3 Gewürznelken • 1 Sternanis • 2 Stück Zitronenschale • 4 bis 6 EL Zucker

Den Apfelwein mit allen Gewürzen und der Zitronenschale erhitzen, aber nicht kochen lassen. Nach Geschmack süßen und ohne Gewürze in Gläser füllen.

Kerniger Apfelweinpunsch

Für 4 Gläser

2 EL Rosinen • 4 EL Apfelschnaps • 1 l Apfelwein • 2 Stück Orangenschale • 2 Pimentkörner • 2 Gewürznelken • 1 Scheibchen frischer Ingwer • 1 Zimtstange • 2 Sternanis • 4 bis 6 EL Zucker • 2 EL Haselnusskerne • 2 EL geschälte Mandeln

Die Rosinen mit dem Apfelschnaps begießen und mindestens 2 Stunden durchziehen lassen. Den Apfelwein mit allen Gewürzen erhitzen, aber nicht kochen lassen. Nach Geschmack süßen. Haselnüsse, Mandeln und eingeweichte Rosinen auf 4 Gläser verteilen und mit dem heißen Punsch ohne Gewürze auffüllen.

Apfelwein kauft man im Supermarkt, im Getränkeshop und bei den zahlreichen kleinen Keltereien in Hessen. Eine Liste mit den Keltereien gibt´s bei der Marketinggesellschaft GUTES AUS HESSEN, Homburger Str. 9, 61169 Friedberg, Tel. 06031/73235. Wer im Herbst viele Äpfel erntet, kann sich im Keller seinen eigenen Apfelwein keltern. Ab Mitte Februar kann sich der Genießer schon einmal mit einem gerippten Glas in der Hand hinunter in den kühlen Keller begeben und das Stöffche probieren. Bis zur Neige bleibt der Apfelwein im Fass und kann bei Bedarf abgezapft werden. Allerdings darf der Apfelwein nie seinen Geburtstag erleben. Kunststofffässer und Gärspunde gibt´s im Fachhandel.

Ebbelwei selbst gekeltert

Verschiedene Kelteräpfel und nach Belieben auch ein paar Birnen in einer nahen Mosterei pressen lassen. Aus 10 Kilogramm Äpfeln bekommt man im Durchschnitt 7 Liter Saft. Den Saft sofort in einem sauberen Behälter nach Hause fahren. Im (Heizungs-) Keller, Temperatur 14 bis 20 Grad, steht bereits ein leerer Bierkasten oder ähnliches auf dem Boden. Darauf ein Kunststofffass stellen und von oben mit dem Saft bis zu vier Fünfteln füllen. Den Gärspund mit Wasser füllen und aufsetzen.

Nach einigen Tagen beginnt die temperamentvolle Gärung, die nach 10 bis 30 Tagen allmählich zum Stillstand kommt. Anfang bis Mitte Dezember wird der Wein von der Hefe abgezogen, d. h. unter den unteren Abflusshahn wird ein sauberer Eimer gestellt, weitere Eimer bereithalten und den vergorenen Saft ablaufen lassen. Sind alle Eimer gefüllt und liegt nur noch die Hefe am Fassboden, wird das Fass gründlich gereinigt.

Der Bierkasten wird jetzt in einen kühleren Kellerraum gestellt, Temperatur 10 bis 15 Grad, und der zukünftige Apfelwein wird wieder zurück in das saubere Fass gefüllt, den Gärspund erneut mit Wasser füllen und aufsetzen. Nach 4 bis 6 Wochen kann der erste Schoppen gekostet werden.

Buchtipp: Vom Baum in den Bembel, Jörg Stier, CoCon-Verlag, Hanau.

Verzeichnis der Rezepte

Die Autorin Kristiane Müller-Urban

stammt aus Hamburg, ist aber seit Jahrzehnten eine überzeugte Offenbacherin. Als Redakteurin und Lektorin hat sie viele Jahre in Frankfurt gearbeitet, gegessen und getrunken – neben Kräutertees am liebsten hessischen Apfelwein und „Eva“, den süffigen Apfelschaumwein von Jörg Stier. Als umtriebige Kochbuchautorin und Reiseschriftstellerin treibt es sie auch in die Küchen und Keller anderer Leute und Länder, um zu kosten und zu testen. Zu Hause in der Versuchsküche werden neue und alte Gerichte und wie für dieses Buch mit Apfelwein, Apfelschaumwein und Äpfeln gekocht, abgeschmeckt und so lange verändert, bis der Geschmack überzeugt. Im Societäts-Verlag sind einige Freizeitführer der Serie „Freizeit & Spaß“ und auch die Bücher „Hessen für Verliebte“, „Hessen für Genießer“ und „Hessen für Eisenbahnfreunde“ erschienen, die sie zusammen mit ihrem Mann Eberhard Urban geschrieben hat. Von ihr allein sind weit über 80 Kochbücher erschienen.

Der Maler Horst Baerenz

wurde in Frankfurt geboren, wo er in der Societäts-Druckerei seine Prüfung als Tiefdruck-Farbretuscheur ablegte – ein solider Grund für seine Zeichnerei und Malerei. Baerenz, Mitbegründer der in die Kunstgeschichte eingegangenen Gruppe Patio, ist wegen seiner oft kühnen Bilderfindungen bekannt geworden. Ausstellungen von seinen Bildern und Objekten sorgten von Dublin über Frankfurt bis Peking für Aufmerksamkeit und Aufregung. Sein untrügliches Auge und seine sichere Hand stellte er von 1968 bis 1972 als Zeichner dem Deutschen Archäologischen Institut bei Ausgrabungen in Ägypten zur Verfügung. Als Freund und Kenner der japanischen Kunst arbeitet er wie Hokusai und Hiroshige an einem Zyklus zum heiligen Berg Fuji, der auch in diesem Buch nicht fehlen darf. Sein umfangreiches Wissen taucht manchmal als Anspielung in seinen Bildern auf. Als freier Maler und Grafiker für zahlreiche Firmen lebt und arbeitet er inzwischen in Offenbach am Main.